KB269886

걷기의 재발견

WHY I WALK

By Kevin Klinkenberg

걷기의 재발견

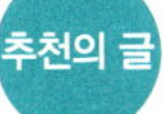

지금, 걸어야 하는 합리적인 이유를 발견하다

이 책에서 언급했듯이 오늘날 우리 문화는 찬탄만 하기에는 문제가 많다. 그래서 이 책이 나온 것이겠지만, 어쨌든 이 책을 볼 수 있다는 것은 행운이다. 걷거나 자전거를 타야 하는 이유를 찾고 싶은 사람은 이 책을 읽으면 된다. 상식적일 뿐 아니라 편익 면에서도 합리적인 이유를 많이 발견할 수 있을 것이다. 그리고 무엇보다 당신의 삶이 더 나아질 것이다.

스콧 도욘Scott Doyon,
플레이스메이커스PlaceMakers 회장

이 책은 도보가능성이 우리의 일상에서 갖는 의미를 통찰력 있게 제시한다. 저자는 가능하면 자가용을 이용하지 않고 걷기로 결심한 뒤에 자신의 건강과 정서적인 면, 재정 상황이 어떻게 달라졌는지, 그리고 더욱 중요한 것으로, 걷기 위주의 생활을 하면 현실 세계가 근본적으로 어떻게 달라질 수 있는지에 대해 이야기한다. 자신의 경험을 기초로 신중하게 풀어낸 이야기들을 보면서, 나 역시 날마다 이용하는 교통수단에 대해 다시 생각해 보게 됐다.

짐 포터Jim Potter,
'개발 이니셔티브Development Initiatives' 파트너

저자는 생생한 일상의 경험을 통해 왜 걸어야 하는지, 자신의 동네를 왜 알아가야 하는지를 설득력 있게 이야기한다. 이 책은 도시 이론과 실제 경험을 매끄럽게 접목시키면서 우리가 되도록 언제나 어디에서나 걸어야 하는 신체적, 사회적, 금전적, 정서적, 그리고 직업적인 이유를 제시한다. 어떤 독자는 이 책에서 미국의 '자동차 문화'가 여러 가지 사회·경제적 병폐의 원인이라는 점을 생각해 보게 될 것이고, 또 다른 독자는 이 책을 읽고 문 밖으로 힘차게 발걸음을 내디딜 수도 있을 것이다.

빌 다우어스Bill Dowers,
《서배너 언플러그드Savannah Unplugged》 편집자이자
《서배너 모닝 뉴스Savannah Morning News》의 칼럼니스트

풍성한 삶을 위해 우리가 해야 할 일을 알려주는 책

읽고 나면 더 똑똑해지는 책이다. "글로 배웠어요"의 똑똑함이 아니라 "현장에서 배웠어요"의 똑똑함이다. 차를 몰지 않고 걷거나 자전거로 도시의 거리들을 직접 돌아다닌 경험을 담고 있기 때문이다. 개인의 삶에 대한 책이지만, 독자들도 각자의 삶에서 돌아볼 부분들을 찾을 수 있을 것이다. 지은이는 자신이 깨달은 것을 설교조로 이야기하거나 강요하지 않는다. 이 책은 우리 모두와 관련이 있으며, 우리가 실천할 수 있는 네 가지 영역으로 구성되어 있다. 아울러 지은이의 경험뿐만 아니라 덴버부터 마이애미까지, 워싱턴DC부터 더럼까지, LA부터 브루클린까지, 매우 상이한 도시들에서 살고 있는 사람들의 경험담도 눈여겨볼 만한 대목이다. '삶의 질'을 어떻게 규정하든, 이 책은 더 생기 있고 풍성한 삶을 위해 우리가 일상에서 간단하지만 의미 있는 발걸음(중의적인 의미에서)을 내딛도록 북돋워 준다.

돈 테일러Dawn Taylor,
미국건축가협회American Institute of Architects 캔자스시티 소장

Contents

1장 일상 속 걷기

2장 삶을 바꾸는 걷기 : 건강

걷기, 삶의 질을 높이는 가장 좋은 방법

이 책에는 간단한 전제가 하나 있다.

"나는 걷는 것을 좋아한다."

밤에 시내에 놀러 나갈 때나 출근할 때, 이런저런 볼일을 처리하러 다닐 때나 심지어는 장을 보러 갈 때도 나는 차를 이용하지 않고 내 두 발을 이용해 가는 것을 선호한다.

그런 나를 보고 가족과 친구들은, 뭐랄까, 신기해했다. 그들에게는, 아니 미국인 대다수에게는 차를 몰지 않고 걸어간다는 생각이 낯선 것이다. 웬만하면 걸어 다니려고 하는 나를 보고 사람들은 흥미로운 반응을 보였다.

데이트 상대　　우리 차 안 타고 걸어가? 그럼 나 뭘 신어야 되지?

어머니　　　　길 아래 식당까지 걸어가겠다고? 안전하니?

친구　　　　　집까지 안 태워다 줘도 된다니, 무슨 소리야? 어떻
　　　　　　게 가려고?

나는 괴짜 취급을 받으면서도 계속 걸었고, 나도 모르게 해마다 걷는 시간이 점점 더 늘어났다. 내게는 걷는 것이 여러 가지 이유에서 매우 합리적인 선택이었지만, 21세기의 우리 문화에서는 두 다리를 자연스런 용도대로 사용하는 것이 어째서인지 설명을 요하는 일이 되었다. 나는 주위 사람들에게 걷는 생활을 시도해 보면 여러 가지로 삶이 나아질 것이라고 몇 년 동안 설명하다가, 결국 이 책을 써야겠다고 마음먹었다. 개인적인 생활 중에서 흥미롭고 정보가 될 만한 부분을 담은 책이지만, 걷기가 모든 사람에게 삶의 질을 높여 줄 수 있다는 간단한 메시지를 전하는 것이 이 책을 쓴 더 큰 목적이다.

걷기에 대한 관심은 내 직업과도 관련이 있다. 나는 건축가이자 도시계획가로, 미국의 도시와 마을을 걷거나 자전거 타기 좋은 곳

으로 만드는 일을 한다. 이 분야에 종사하는 동료들 중에는 걷기가 가져다주는 환경적, 사회적 이익을 자세하게 논할 수 있는 사람들이 많다. 이런 주제를 다룬 흥미로운 책도 많이 나와 있다. 이들 책에서는 대개 걷는 것이 어떻게 세상을 구할 수 있는지에 관해 이야기한다.

하지만 이 책은 그런 종류의 책이 아니다. 이 책에는 '도보가능한walkable' 도시에 살면서 일상적으로 걷고 자전거를 타고 대중교통을 이용하는 것이 내게 어떤 이득을 가져다 주었는지, 그리고 그것이 왜 당신에게도 이득이 될 것인지에 대한 내 생각이 담겨 있다. 나는 재정, 자유, 건강, 사회성의 측면에서 걷기가 내게 가져다준 긍정적인 영향들을 이야기하고자 한다. 내 경험이 여러분도 자동차 이외의 이동 수단을 탐험해 보게 하는 계기가 되었으면 좋겠다.

내가 걷기와 도보가능한 도시를 지지한다고 해서 자동차가 사악하다거나(이렇게 생각하는 사람도 있다) 모두가 당장 자동차를 포기해야 한다고 생각하는 것은 아니다. 나도 열여섯 살 때부터 차가 있었고, 지금도 있다. 도시를 가로질러 멀리 가야 하거나 다른 도시

도보가능성walkability

도시계획가들은 어느 지역이 걸어서 일상생활을 영위하는 데 얼마나 적합한지를 일컫는 말로 '도보가능성'이라는 용어를 만들었다. 그런 지역은 '도보가능한 공동체,' '도보가능한 마을,' '도보가능한 곳' 등으로 불린다. 주로 차를 몰고 다니기보다는 주로 걸어서 다닐 수 있도록 되어 있는 도시나 마을을 일컫는다.

로 이동해야 할 때는 자동차를 이용한다. 또 미국 대륙을 이리저리 가로지르는 자동차 여행도 좋아한다. 나는 부모님 덕에 자동차 여행의 매력을 일찌감치 알았고, 그런 여행들은 내게 정말 좋은 기억으로 남아 있다.

다만, 나는 자동차에 매여 살지 않는다는 점에서 대다수의 미국인과 다르다. 자동차를 작동시키지 않고도 원하는 곳에 가고 원하는 일을 할 수 있는 자유가 있다는 것이 나는 정말 좋다. 교통수단에 대해 말하자면, 나는 '프로 초이스pro-choice(낙태 합법화 찬반 논쟁에서 여성의 자율적 결정권을 지지하며 낙태 합법화를 찬성하는 측을 일컫는

말로, 생명권을 지지하며 낙태 합법화를 반대하는 '프로 라이프pro-life'에 대비되는 말. 여기에서는 문자 그대로 '선택을 지지한다'는 의미로 쓰임 - 옮긴이)'인 셈이다.

나는 조지아 주 서배너에 산다. 내가 서배너에서 보내는 일상의 모습이 이 책에 많이 나올 것이다. 서배너를 아는 사람이라면 서배너의 자랑거리 몇 가지를 알고 있을 것이다. 도보가능성도 물론 자랑거리 중 하나다. 실제로 구시가지의 거리, 광장, 공원은 북미 최고로 꼽아도 손색이 없을 만큼 아름답다.

하지만 서배너도 미국의 다른 곳들과 마찬가지다. 촘촘하고 걸어 다닐 수 있는 오래된 시가지가 하나 있고, 그 주위는 걷기에 적합하지 않은 교외 주거지들의 방대한 바다로 둘러싸여 있다. 서배너의 구시가지에는 걸어 다니면서 즐기기 좋은 것들이 많지만, 걷기 위해 꼭 무슨 특별한 장소에 가야 하는 것은 아니다. 사실 어느 곳에서든 걸을 수 있다. 나는 그리 보행자 친화적이지 않은 도시에 살았을 때도 날마다 걸을 수 있는 기회를 발견했다. 모두가 그럴 수 있을 것이라고 생각한다.

나는 일부러 서배너에 이사를 왔다. 때로 나는 도시 계획에 대한 내 열정을 본 서배너가 나를 고른 것이라고 농담을 하는데, 크게 틀린 말도 아니다. 나는 40년을 미국 중서부에서 살다가 3년 전에 서배너로 이사 왔다. 2009년 금융 위기로 불황이 닥쳤을 때 건축업계도 예외가 아니었고, 너무나 많은 동료들이 인생과 직업을 다시 생각해야 하는 처지에 내몰렸다. 나는 다른 곳으로 이사를 해 새롭게 시작하기로 마음먹었다. 처음에는 케빈 클린켄버그판(그리고 남성판)『먹고 기도하고 사랑하라Eat, Pray, Love』가 될 것이라고 생각했는데, 내가 선택한 도시가 너무 마음에 들어 스토리 전개가 완전히 달라졌다.

내가 이사를 생각하면서 가장 많이 염두에 두었던 것은 도보가능성이었다. 남쪽의 마이애미, 서쪽의 덴버나 LA, 북쪽의 시카고 등 여러 도시들을 놓고 고민하면서 과연 내가 추구하는 삶의 질을 제공할 수 있는 곳이 어디일까 생각해 보았다. 원하는 대로 걸어 다닐 수 있고, 안전하고 편리하게 자전거를 탈 수 있으며, 더 느린 속도로 삶을 영위하면서도 생계를 유지할 수 있는 곳이 어디일지 가늠해 본 것이다. 삶의 질과 관련된 요소들을 우선순위에 놓는 것은 별난 일이 아니다. 살 곳을 선택할 때 도보가능성이나 자전거

친화적인 환경 등을 우선순위로 고려하는 사람들이 많아지고 있다. 이런 경향은 나 같은 X세대보다는 Y세대나 밀레니얼 세대 같은 젊은 층에서 더욱 두드러진다.

나는 서배너로 이사 오기 직전 17년 동안 미주리 주 캔자스시티에서 살았다. 캔자스시티에서도 걸어서 다니는 생활 방식을 택하고자 최선을 다했다(나는 미드타운 지역에 살았다). 걸어서 갈 수 있는 곳이라면 되도록 걸어서 다녔다. 도시 구조가 서배너만큼 걷기에

걷기와 자전거 타기를 선택하는 사람들

차를 모는 것보다 걷거나 자전거를 타는 쪽을 선호하는 젊은이들이 많아지고 있다. 최근 한 설문조사에 따르면, 2001년부터 2009년 사이 가구 연소득 7만 달러(약 8,600만 원) 이상인 젊은이들 사이에서 대중교통 사용이 100퍼센트, 자전거 타기가 122퍼센트, 걷기가 37퍼센트 증가한 것으로 나타났다.

*출처: "Transportation and the New Generation",
The Frontier Group and US PIRG Education Fund, 2012

적합하지 않아서 걸어서 일상생활을 하기도 더 힘들었지만, 그래도 최대한 걸으려고 애썼다.

　내가 서배너로 이사를 간다고 하자 캔자스시티의 친구와 친지들은 왜 그곳이냐고 물었다. 아마 이 책이 그 질문에 대한 답이 될 것이다. 또한 캔자스시티에 언제 돌아올지를 물었는데, 그에 대한 대답도 이 책으로 설명되길 바란다. 사실 걷기 좋은 도시가 서배너밖에 없는 것은 아니다. 하지만 서배너는 그 방면에서 최고 수준이라고 할 수 있다.

　사실 딱히 걷기 좋은 도시가 아니라도 희망은 있다. 건축가이자 도시계획가로서, 동료들과 나는 세계와 평범한 사람들의 삶이 더 나아질 수 있게 하겠다는 목표를 가지고 일한다. 옛 도시를 재정비할 때도, 새 주거지를 계획할 때도 이 목표가 머릿속에서 떠난 적이 없다. 더 살기 좋은 장소를 만들면 삶도 당연히 더 나아진다. 그리고 더 살기 좋은 장소는 걸어서 돌아다닐 수 있는 곳이다.

1장

일상 속 걷기

AN ORDINARY MONDAY

일상 속
상쾌한 현실도피

돈 커크우드, 콜로라도 주 덴버

나는 독립적인 사람이고, 살면서 무언가를 선택해야 할 때는 언제나 독립성을 지키는 방향으로 결정해 왔다. 나는 되도록 넓은 선택의 여지가 있기를 바라며, 이는 이동 수단도 예외가 아니다. 무엇보다 1순위로 택하는 것은 걷기다. 걸을 때는 속도와 경로를 내 마음대로 정할 수 있다. 나는 상쾌한 공기 속에서 내 마음이 한껏 방랑하도록 놔둔다. 그리고 걸을 때는 정말로 주변을 보거나 작은 소리까지 들을 수 있다. 한 번에 하나씩만 하자는 주의이기 때문에 걸으면서 음악을 듣거나 전화 통화를 하지 않는다. 걷기는 내가 일상 속에 끼워 넣어 둔 자그마한 현실도피 수단이다.

이 도시에서는 자전거를 탈 때 극도로 집중하지 않으면 위험하기 때문에 출퇴근용으로 자전거를 타지 않는다. 하지만 집 근처에 좋은 자전거 길이 있어서 10단 기어 자전거에 올라타고 최대한 빠르게 페달을 밟곤 한다. 페달을 밟을 때마다 힘이 솟는 느낌이 정말 좋다. 그 느낌, 자유의 느낌, 내가 스스로를 완벽하게 통제하고 있다는 그 느낌은 순수한 즐거움이다.

사회학적인 이유에서뿐 아니라 실용적인 이유에서도 나는 대중교통을 자주 이용한다. 주요 버스 노선과 경전철역이 집에서 걸어갈 수 있는 거리에 있기 때문이다. 그리고 나는 자동차도 한 대 있다. 2004년식 도요타로, 주행기록계에 따르면, 5만 3,000마일(약 8만 4,800킬로미터)을 뛰었다.

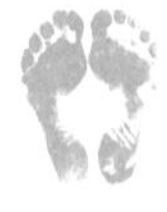

걷기에 대해 해 둘 말이 있다.
걷기란 남자 혹은 여자가
개구리처럼 쪼그려 앉지 않고
몸을 곧게 세워서 자부심 있게
스스로 전진해 나가는 방식의 인간 이동법이다.
어린 남자아이들이나 기계를 좋아하지,
성숙한 남자와 여자는 걷는 것을 좋아한다.

_ 에드워드 애비Edward Abbey,
『에드에게서 온 엽서: 미국의 한 우상파괴자가 보내 온 소식Postcards from Ed:
Dispatches and Salvos from an American Iconoclast』

나는 요즘 집에서 일한다. 처음에는 다른 사람들과 공동으로 사무실을 하나 마련할까, 개인 사무실을 임대할까, 여러 가지 방안을 놓고 고민하기도 했다. 아마 언젠가는 그런 작업 공간이 내게 더 적합할 수도 있을 것이다. 실제로 걸어서 30분(자전거로는 10분) 거리에 괜찮은 사무실을 하나 발견하기도 했다. 출퇴근 시간이 30분 걸리는 셈이지만, 이 정도면 긴 시간은 아니고 대체로 유쾌한 시간일 것이다(이 부분은 뒤에서 다시 다룬다).

회사로 출퇴근하는 사람들은 집에서 일하는 것을 이상화하면서 이렇게 생각하곤 한다.

"우와, 그런 유연성이 있다면 정말 근사할 거야!"

하지만 집에서 일하는 것도 사무실이나 다른 곳에서 일하는 것과 별반 다르지 않다. 나는 전문직 세계에서 20년가량 일하면서 작은 사무실, 큰 회사 건물, 집 거실, 커피숍, 컨퍼런스 룸, 카페 등 여러 종류의 작업 공간을 경험했다. 어떤 경우든 하루를 최대한 활용하기 위해 작업의 규칙과 습관을 만들고, 휴식과 재충전을 위해 중간중간 머리를 식히는 것은 마찬가지다. 집에서 일할 때는 텔레비전을 이리저리 돌려 보며 머리를 식혔고, 예전 직장에서는 동료들과 '레드넥 램페이지'라는 비디오 게임을 하면서 머리를 식혔다. 요컨대 어떤 공간에서 일을 하건 일은 일이고, 의식적으로든 무의식적으로든 하루의 일과에 엄격함과 유연함을 짜 넣는다.

그렇긴 해도 내 일상에는 여러분의 일상과 다른 점이 있다. 그 차이는 내가 집에서 일한다는 데서 나온다기보다는 내가 살고 있는 도시의 특성에서 나온다. 전형적인 교외 주거지에 살고 있다면 내 일상은 지금과 매우 달랐을 것이다. 무엇보다 밖에 볼일이 있을 때 차를 훨씬 많이 몰아야 했을 것이다. 하지만 여기에서는 목적지까지 대체로 걸어서 갈 수 있다.

나의 어느 평범한 월요일 속으로 함께 걸어가 보자.

아침에 일어나서 씻는다. 여자친구 제이미가 나보다 먼저 일어나는데 고맙게도 아래층에 커피를 미리 준비해 놓는다. 내 하루는 작은 컵으로 커피 한 잔을 마시면서 시작된다. 아침에 커피 한 잔 마시는 시간은 메시지와 이메일을 확인하는 시간으로 알맞다. 내 고객들은 미국 전역에 퍼져 있어서 여러 시간대에서 이메일이 오기 때문에, 메일함에는 답해야 할 이메일이 꼭 몇 개씩은 있다. 이른 아침은 하루의 뉴스를 따라잡기에도 좋은 시간이다. 즐겨 보는 웹사이트 몇 개를 훑어보면서 관심 분야의 최신 정보를 확인한다. 물론 페이스북도 한다.

아침을 든든하게 먹고 일을 시작한다. 그리고 오전에 잠깐 휴식을 취하기 위해 단골 커피숍까지 걸어간다. 쿠바식 카페콘레체(카페라테)를 특히 잘 만드는 집이다. 한 잔이면 혈관에 1만 와트가 충전된다. 커피숍은 걸어서 7, 8분 거리여서 소화도 시키고 상쾌한 공기를 마시기에 좋다. 대개는 커피숍에 앉아서 커피를 마신다. 오전의 일거리에 대한 긴장도 조금 누그러뜨리고 창조적인 에너지를 북돋우기 위해서다. 바쁜 날에는 카페콘레체를 테이크아웃해서 컴퓨터 앞으로 돌아온다.

시간이 얼마나 지났는지 깨닫기도 전에 점심때가 된다. 아래층 부엌에 내려가 요깃거리를 찾아본다. 일할 시간을 최대로 확보하고 집중 상태를 유지하기 위해 점심은 되도록이면 간단하게 먹는다. 특히 오늘은 밖에 나가 처리할 일이 있어서 가볍게 먹기로 한다. 자전거(15년 된 슈인 하이브리드 산악자전거)를 타고 다운타운으로 간다. 10분 후 우체국에 도착해 자전거를 세운다(걸으면 25분 정도 걸리는 거리다). 우체국에서 볼일을 본 뒤 걸어서 은행에 간다. 오늘 해야 할 중요한 일 두 가지를 처리했다.

다시 자전거를 타고 집에 온다. 아름다운 길과 나무가 무성한 광장을 지나오면 원기가 충전되고 오후의 일을 위한 준비도 완료된다. 자전거로 볼일을 보러 나가면 날마다 경로를 조금씩 바꿔서 늘 새로운 경험을 할 수 있어서 좋다. 교통 체증이나 주차 걱정은 할 필요가 없다.

하루의 일이 끝나면(사실 집에서 일하면 하루의 일이 결코 끝나는 법이 없다) 심박을 제대로 올려줄 진짜 운동을 한다. 오늘은 달리기를 선택한다(별 다른 운동이 생각나지 않을 때는 늘 달리기를 선택한다). 동네 한가운데에 30에이커(약 12만 1,406제곱미터) 면적의 시립공원인 포시스 공원이 있는데, 걸어서 10분이면 갈 수 있다. 공원 둘레가 1마일(약 1.6킬로미터)로 오늘은 세 바퀴를 뛰고 공원에서 나와 근처 인도에서 반마일(약 0.8킬로미터)을 더 뛰어서 나름 5킬로미터를 채운다. 집까지 걸어오는 길은 매우 짧지만, 집으로 들어오기 전에 땀을 식힐 수 있는 시간을 벌 수 있다. 집에 와서 샤워를 하고 저녁 맞을 채비를 한다.

제이미와 나는 둘 다 시간이 날 경우, 월요일 밤이면 시내의 펍에 가서 퀴즈 게임을 한다. 크리스털 맥주집까지 걸어서 20분 정도인데, 공원과 아름다운 길을 지나가기 때문에 쌀쌀한 밤도 별로 문제가 되지 않는다. 오히려 저녁에 산책을 하며 다리를 풀어 주면 정신적으로나 육체적으로 충전이 된다. 우리는 게임과 맥주를 즐긴다. 우리 팀도 퀴즈 게임에 용감하게 출전하지만 상금은 못 딴다. '블레싱blessing'에 '한 무리의 유니콘'이라는 뜻도 있는 줄 누가 알았으랴(우리는 몰랐다). 상금은 다음을 기약할 수밖에. 그리고 걸어서 집에 돌아오면 하루가 마무리된다.

전반적으로 다른 사람들의 하루 일과와 크게 다르지 않다. 풀타

임 근무 시간만큼 일했고, 끼니 때 식사를 했으며, 운동을 했고, 애인이나 친구들과 저녁 시간을 보냈다. 평범하지 않게 보이는 유일한 부분은 내가 택한 이동 수단뿐이다.

2장

삶을 바꾸는 걷기
건강

혼자 걷는 시간,
생기 있는 삶의 원동력

매트 토마술로, 노스캐롤라이나 주 롤리

케빈이 기고문을 요청한 시점은 두 가지 면에서 시의적절했다. 우선 정확히 한 달 전에 나는 '워크 유어 시티Walk Your City'를 창업했다. 1년 전에 노스캐롤라이나 주 롤리에서 도보가능성에 대한 인식을 높이기 위해 게릴라 길 찾기 프로젝트를 진행했는데, 그 결과로 차리게 된 회사다. 둘째, 나는 생활 방식을 바꾸기로 막 결심한 터였다. 그래서 시청 건물에서 두 블록 떨어진 롤리 시내의 아파트로 이사를 했다. 롤리 시내는 불과 1, 2마일(약 2, 3킬로미터) 떨어진 곳에 있는 비슷한 형태의 집들보다 주거비가 20~30퍼센트 더 들기 때문에 결정하기가 쉽지는 않았다.

노스캐롤라이나 주립 대학에 다니던 두 학기 동안 카보로에 살았던 것을 빼면 5년째 롤리에 살고 있다. 롤리에 온 이래로 늘 학교나 직장에서 1, 2마일 이내에 살고 있는데, 걷거나 자전거를 타기 위해서다. 롤리는 '걷는 사람들의 천국'과는 거리가 멀고, 1인당 하루 평균 37.5마일(약 60킬로미터)을 운전하는 '최장 출퇴근 시간' 도시다. 사람들이 하루에 1시간 이상을 차에서 보내는 도시에 살면서도 나는 출퇴근과 통학에 걸리는 시간을 자전거로나 도보로 10분 이내에서 유지할 수 있었다. 5년 중 1년 반은 미국에서 가장 자동차 중심적인 도시로 꼽히기에 손색이 없는 롤리에서 차 없이 살았다.

걷는 생활을 해야겠다는 생각은 6개월간 덴마크 코펜하겐에서 지내 본 이후로 계속 가지고 있었다. 걸으면 이웃과 동네를 더 잘 알 수 있다. 걷기를 선택한 것만으로도 사람들과 자연스럽게 더 가까워지게 될 것이다. 나에게 사람들과의 상호작용은 너무나 중요하다. 지난 5년간 살아온 동네에서 나는 공동체 의식과 안정감을 굉장히 많이 느끼는데, 내가 살았던 동네가 도보가능한 곳들이고, 그런 곳들에서는 사람들이 더 가까이 살아서 상호작용을 더 많이 하게 되기 때문이라고 생각한다.

걷는 것(자전거를 타는 것도)은 나의 독립성에 매우 중요하다. 걸으면 활력이 생긴다. 걷는 시간은 온전히 나 개인의 시간이다. 이메일이나 트위터를 생각하지 않고 심호흡을 할 수 있는 시간이기도 하다. 걸으면 일상이 명료해진다. 아침에 걸으면 하루를 준비하면서 집중력을 높일 수 있다. 운전이 나쁘다는 말은 아니지만, 어쨌든 운전은 휴식을 주지는 않는다. 특히 롤리에서는 더 그렇다. 운전을 할 때면 가게까지 1, 2마일의 짧은 거리를 갈 때조차 긴장하게 된다.

나는 이 도시가 아름답기 때문에 걷는다. 출퇴근은 물론이고 회의, 저녁 식사, 친구들 모임에 갈 때도 걷는다. 사무실은 오래된 '전차 거주지streetcar suburb(전차가 주요 교통수단이던 시절에 전차 노선 주위로 형성된 거주지)'에 있다. 맞은편에는 이제는 쓰이지 않는 400에이커(약 162만제곱미터) 부지의 옛 정신병원이 있는데, 멋진 시내의 전망을 한눈에 볼 수 있다.

사무실을 낸 지는 두 달밖에 안 되지만, 우리는 이미 도로시아 딕스 캠퍼스에서 '걸으면서 하는 회의'를 다섯 번이나 했다. 우리가 걷는 경로는 45분 코스인데, 걸으면 대화의 속도가 적절하게 조정된다. 또한 대화를 자극하는 동시에 주변을 탐험하게 하고 운동도 하게 해 준다. 회의와 걷기를 동시에 하면 역동적이 되고 동료들과 관계도 더 좋아진다. 걷는 것에 열려 있는 사람들이라면 더욱 그렇다.

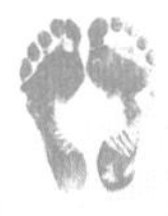

밖으로 나가서 걸으라.
그 편이 마음속에서 서성거리는 것보다
당신에게 훨씬 좋을 것이다.

_ 라시드 오군라루Rasheed Ogunlaru

▼ ▼ ▼

걷는 것은 건강에 좋다. 이 책의 내용 중 가장 명백하고 어쩌면 다들 아는 내용일지도 모르겠다. 몸을 써서 돌아다니는 것이 차에 앉아 있는 것보다 훨씬 좋다. 우리 몸은 서서 두 발로 걸어 다니게 되어 있지 같은 자세로 오랜 시간 앉아 있게 되어 있지 않다. 미국에서 비만의 증가와 좌식 생활의 확산이 함께 발생했다는 것은 우연이 아니며, 이에 자동차가 큰 몫을 했다.

걷고 난 후 나는 더 건강해졌다

걷는 것은 너무나 기본적이며, 무의식적으로 이뤄지는 기능이어서 우리 대부분은 걷는 것에 대해 의식적으로 생각하지 않는다. 더 많이 걷기로 선택할 때 얻을 수 있는 이익을 깨닫지 못하는 것은 물론이고 말이다. 나는 볼일이 있어서 나갈 때와 단순히 산책할 때를 다 포함해서 하루에 평균 2마일(약 3.2킬로미터)을 걷는다. 어떤 날은 1마일도 안 걷고 어떤 날은 훨씬 많이 걷지만, 평균적으로는 2마일 정도다(걷는 거리를 재 보고 싶으면 휴대전화 앱이나 구글 페도미터

같은 웹사이트를 이용하면 된다).

하루에 2마일을 걸으면 '뇌 위에 앉아서' 보내는 대신(영화 〈멋진 인생It's a Wonderful Life〉에서 포터 씨가 한 말이다) 250칼로리를 소모할 수 있다. 250칼로리가 인생을 바꿀 만큼 대단한 것은 아니지만, 건강하고 날씬한 몸에 관심 있는 사람이라면 다 알고 있듯이 조금이라도 칼로리를 소모하면 도움이 된다. 250칼로리는 가벼운 요깃거리나 맥주 한두 잔 정도에 해당하는데, 맥주 한두 잔을 자주 즐기는 나로서는 걷기가 내 허리둘레에 해 주는 일이 무척 고맙다.

하루 중 앉아서 보내는 시간은 얼마나 될까?

건강과 피트니스 분야 사람들 사이에서 우리가 얼마나 많은 시간을 앉아서 보내는지에 대한 논의가 점점 더 활발하게 이뤄지고 있다. 연구자들은 좌식 생활이 신체와 건강에 미치는 영향에 대해 연구하고 있으며, 서서 일하는 책상까지 등장했다.

먹는 것과 관련해서 내게는 아주 중요한 습관이 있다. 식사 후에 걷는 것이다. 나는 먹을 것을 가리지 않고 좋아하며 집에서건 나가

2마일을 걸으면 아래와 같은 칼로리를 해소할 수 있다.

- 레귤러 맥주 12온스(약 350밀리리터): 153칼로리

- 레드 와인, 5온스(약 150밀리리터): 123칼로리

- 페퍼로니 피자 1조각: 298칼로리

- 바닐라 아이스크림 한 스쿱: 145칼로리

- 간 쇠고기 패티 4온스(약 110그램): 193칼로리

*출처: http://recipes.howstuffworks.com/45-common-foods-and
-the-number-of-calories-theycontain.htm

서건 저녁에 과식도 하는 편이다. 하지만 식사 후에 5분이나 10분 정도라도 걸으면서 부른 배를 꺼뜨린다. 그리고 걸어 다닐 수 있는 곳에 카페나 식당이 많기 때문에 집까지 걸어오면서 소화시킬 수 있다. 저녁 식사 후에 걸으면 신체적으로도 좋지만, 마지막 한 입을 더 먹지 않았어야 했다는 죄책감을 누그러뜨려 줘서 정신 건강에도 좋다.

신체 활동별 30분간 칼로리 소모량

체중(파운드, 괄호 안은 킬로그램)	125 (57)	155 (70)	185 (84)
활동			
웨이트 운동	90	112	133

마일당 10분 달리기	300	372	444
걷기	120	149	178
자전거 타기	240	298	355

＊출처: Harvard Heart Letter, Harvard Health Publications, July 2004

날마다 칼로리를 태워 주는 직접적인 효과 외에도, 신체 활동은 직접 계량하기는 어려운 여러 가지 누적 효과를 낸다. 몸을 일상적으로 사용하면 심혈관계, 면역계, 뼈, 관절, 근육 등 전반적으로 몸을 좋은 상태로 유지하는 데 도움이 된다. 또 운동은 정서와 정신 건강에도 좋다. 규칙적인 운동은 무엇이든 좋지만, 저강도 운동인 걷기는 신체에 충격을 덜 준다는 점에서 다른 운동들보다 좋을 수 있다. 미국심장학회 등 건강과 관련된 기관들은 하루에 30분 이상씩 1주일에 5회 이상을 걸으라고 조언한다.

물론 규칙적으로 걷는 사람도 뚱뚱하거나 건강이 안 좋을 수 있다. 신체 상태에는 운동뿐 아니라 얼마나 먹는지, 유전적 요인은 어떠한지 등 여러 변수가 영향을 미친다. 하지만 다른 변수들의 영향이 어떠하든지 간에 규칙적인 신체 활동 없이는 건강할 수 없다.

걷기의 운동 효과가 꼭 '운동하는 시간' 동안에만 발생하는 것은 아니다. 우리의 목적은 일상생활에서 신체 활동을 늘리는 것이다. 에스컬레이터나 무빙레일에 서 있지 않고 걷는다든지 계단을 이용한다든지 하는 식으로 칼로리를 소비할 수 있는 방법은 많다. 이러

나는 먹을 것을 가리지 않고 좋아하며
집에서건 나가서건 저녁에 과식도 하는 편이다.

하지만 식사 후에 5분이나 10분 정도라도
걸으면서 부른 배를 꺼뜨린다.

그리고 걸어 다닐 수 있는 곳에 카페나 식당이 많기 때문에
집까지 걸어오면서 소화시킬 수 있다.

저녁 식사 후에 걸으면 신체적으로도 좋지만,
마지막 한 입을 더 먹지 않았어야 했다는
죄책감을 누그러뜨려 줘서 정신 건강에도 좋다.

건강을 위한 걷기의 해부학

하루에 30분씩 1주일에 다섯 번을 걸으면
더 건강하고 행복해집니다.

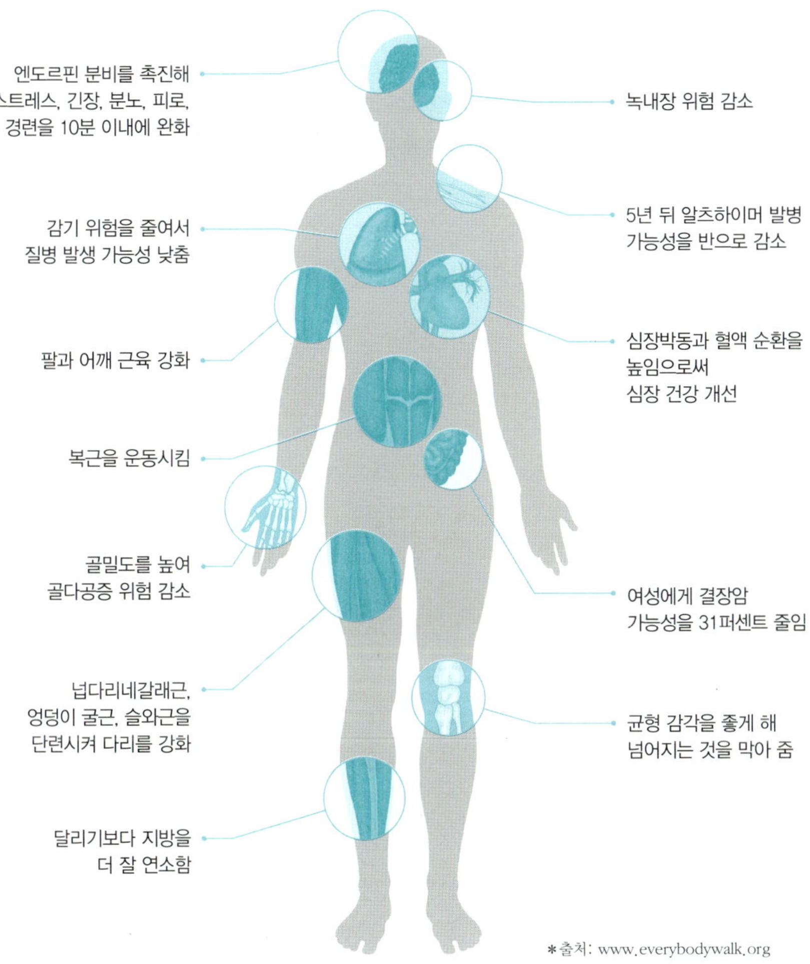

＊출처: www.everybodywalk.org

한 전략은 일상생활에서 몸을 더 많이 움직이게 해서 건강에 도움을 준다.

걷는 것이 그 자체로 당신을 건강한 사람으로 만들어 주는 것은

걷는 것이 뛰는 것보다 건강에 좋을까?

걷는 것과 뛰는 것(혹은 격렬한 운동) 중 무엇이 좋으냐를 두고 피트니스계에서는 논쟁을 한다. 미국심장학회는 아래와 같이 조언한다.

신체적 활동에는 여러 가지가 있지만, 걷기는 중도 포기율이 가장 낮습니다. 걷기는 심장 건강을 효과적으로 향상시키기 위해 누구라도 쉽게 할 수 있는 활동입니다. 연구에 따르면, 걷기나 격렬하지 않은 활동을 하루에 30분 할 경우 아래와 같은 효과를 얻을 수 있습니다.
- 심장병 위험 감소
- 혈압과 혈당 수치 감소
- 혈중 지질 농도 개선
- 체중 유지 및 비만 위험 감소
- 정신적 웰빙 증가
- 골다공증 위험 감소
- 유방암과 결장암 위험 감소
- 인슐린비의존성(제2형) 당뇨병 위험 감소

아니지만, 미국인이 다른 나라 사람들보다 훨씬 덜 걷고 비만으로 훨씬 더 고생하고 있다는 것은 우연이 아니다. 《뉴욕타임스》에 보도된 2010년의 한 연구는 미국인의 걷기 부족을 수치로 나타냈는데, 미국인들은 전문가들이 권장하는 수준의 절반도 걷지 않고 있었다(출처: http://well.blogs.nytimes.com/2010/10/19/the-pedometer-test-americans-take-fewer-steps/). 걸어서 당신의 건강이 어떻게 달라질지는 내가 장담할 수 없지만, 분명히 내 경우에는 걸어서 더 건강해졌다(그리고 더 보기 좋아졌다).

재미있게 오래 걷기

미국인들도 전에는 걸었다. 그것도 아주 많이. 자동차가 없던 시절에는 하루에 20킬로미터 가량 걷는 건 예사였다. 그리고 꼭 걸어야만 해서는 아니었다. 사람들은 걷는 게 좋아서 걸었다. 걷는 것은 운동도 되지만 사회적인 경험이기도 하다. 그런데 오늘날에는 사람들이 시간에 너무 쪼들려서 불평 없이 1킬로미터도 걷기가 힘들다.

*출처: http://www.thesmartset.com/article/article12211201.aspx.

운동을 하기 위해 운전할 필요가 없다

좀 이상하게 들리지 않는가? 왜 운동을 하기 위해 운전을 해야 하는가? 하지만 많은 사람들이 그렇게 한다. 우리는 운동이란 헬스장에서 하는 것이라고 생각하는데, 우리 대부분은 헬스장까지 차를 몰고 가야 한다. 대안은? 운전도, 헬스장 회원비도 싫다면, 수천 달러를 들여 러닝머신이나 제자리 자전거 같은 가정용 헬스 기구를 산다.

제자리 자전거를 타거나 러닝머신에서 뛰는 것보다 지루한 일이 세상에 또 있을까?

나는 운동이 하고 싶으면 그냥 문을 열고 나선다. 물론 웨이트 트레이닝이 하고 싶으면 근처 헬스장에 가거나 집에서 기구를 사용해야 하지만, 걷거나 자전거를 타거나 달리는 것은 동네에서 매우 쉽고 안전하게 할 수 있다. 헬스장에서 하는 것보다 훨씬 재밌기도 하다.

2장에서 언급했듯이 동네에서 걷거나 뛰거나 자전거를 탈 때는 여러 경로 중 선택해서 갈 수 있다. 그리고 도보가능성이 높은 곳은 도로가 좁아서 자동차들이 천천히 달리기 때문에 두 발이나 두 바퀴로 가는 사람들에게 더 안전하다. 보너스로, 우리 동네는 가로수가 많고 근처에 공원이 있어서 걷거나 자전거 타는 것이 정말 유쾌하다.

나는 포시스 공원까지 가서 1마일 트랙을 도는 것을 좋아한다. 그러고서 동네 거리를 조금 더 뛰기도 한다. 날마다 비슷한 경로를 간다 해도 지루하지 않다. 사람들을 만나는 경험이 매번 다르기 때문이다. 동네 공원이야말로 정말 사회적인 장소인데, 이런 곳에서 나는 활발한 사회적 네트워크를 갖는다. 이런 네트워크를 관찰하고 또 거기에 참여하는 일은 매우 즐거운 일이다.

물론 모든 동네가 이렇지는 않을 것이다. 또 걸을 수 있는 동네도 모두 이런 수준의 인프라를 갖추고 있는 것은 아닐 것이다. 하지만 대단한 인프라가 없더라도 도보가능한 동네에서 뛰거나 자전거를 타는 것이 도보가능성이 낮은 동네에서 뛰거나 자전거를 타는 것보다 훨씬 낫다.

서배너의 보행자 친화적인 환경과 그렇지 못한 전형적인 교외 거주지를 비교해 보자(보행자 친화적인 동네가 아니라 해도, 언제나 차를 몰고 다니는 것보다는 조금이라도 걷거나 자전거를 타는 것이 낫다). 캔자스 주 레넥사에 있는 부모님 댁에 가면 운동 삼아 동네를 달린다. 그곳은 지난 5, 60년 사이에 숱하게 지어진 교외 주거지들과 비슷한 동네여서 달리기에 어려움이 많다. 자동차가 빠르게 달릴 수 있도록 디자인된 거리는 걷거나 뛸 때 안전하게 느껴지지 않는다. 걸을 수 있는 거리 안에 공원이나 광장은 없다(이것은 모든 도시와 마을에서

제자리 자전거를 타거나 러닝머신에서 뛰는 것보다
지루한 일이 세상에 또 있을까?

나는 운동이 하고 싶으면 그냥 문을 열고 나선다.

물론 웨이트 트레이닝이 하고 싶으면
근처 헬스장에 가거나 집에서 기구를 사용해야 하지만,
걷거나 자전거를 타거나 달리는 것은
동네에서 매우 쉽고 안전하게 할 수 있다.

헬스장에서 하는 것보다 훨씬 재밌기도 하다.

우리가 시도해 볼 수 있는 부분이다). 부모님 댁 근처의 거리 중 하나에 자전거와 보행자를 위한 차선이 있긴 한데, 그늘이 없고 옆 차선에서는 차들이 쌩쌩 속도를 내며 달린다. 그 길을 쭉 따라가는 것 말고는 다른 길이 없다는 것도 문제다. 옆 도로들은 모두 블록이 길고 막다른 길이 많아서, 시도해 볼 만한 우회로도 별로 없다. 이런 상황에서는 밖에 나가서 걷거나 뛰는 것이 재미있을 턱이 없고, 따라서 나가고 싶은 마음도 전혀 생기지 않는다.

우리 대부분은 운동을 좋아하지는 않으면서도 운동이 건강에 중요하다는 것은 알고 있다. 그래서 하루 일과에 운동을 끼워 넣기 위해 긴 거리를 운전까지 해 가며 애를 쓴다. 그런데 보행자 친화적인 동네는 밖에 나가 걷도록 은근히 부추겨 준다는 장점이 있다. 운동하러 갈 의지력을 끌어 모으기 힘든 많은 날들에, 그저 밖에 나가서 20분만 걸으면 되지 추가로 운동하기 위해 30분의 교통 체증을 겪어야 한다는 건 불행한 일이다.

운전을 덜 하면 혈압에 좋다

나는 당신이 증오하는 운전자다. 운전대를 잡으면 사람이 돌변해서 속도를 심하게 내는 공격적인 운전자가 된다. 내 운전 기록을 보면 알 수 있는데, 속도위반으로 더 많이 걸리지 않은 게 놀라울 뿐이다. 더 나쁜 것은, 도로에서는 난폭해지는 경향이 있다는 점이다.

영화배우 조지 칼린George Carlin은 언젠가 이렇게 말했다.

"운전을 할 때는 다른 모든 사람이 머저리 아니면 미친놈이 되지요."

내가 딱 그렇다. 다른 운전자가 멍청하게 운전하는 걸 보는 것보다 더 열 받는 일이 있을까. 우회전을 끔찍하게 느리게 한다든지, 유턴을 한 번 만에 못한다든지, 빠른 차선에서 천천히 간다든지, 기타 등등. 나는 그런 적이 없냐고? 에…… 결코…….

흥미롭게도 걸을 때는 사람을 사람으로 보게 되고 그들에게 웃거나 말을 걸거나 인사를 하게 된다. 그런데 운전대만 잡으면 혈압이 오르면서 그 사람들을 저주하게 된다.

도시계획가들은 '교통진정기법Traffic Calming'이라는 것을 활용한다. 과속 방지 턱과 같은 구조물 등을 통해 도로를 운전자들이 느리게 운전할 수밖에 없도록 만드는 것이다. 운전을 해 본 사람이라면 누구나 겪었을 것이다. 이 기법이 얼마나 중요한지 나는 특히나 잘 알고 있는데, 내가 바로 그 기법의 대상 운전자이기 때문이다. 차선이 넓고 시야가 길게 확보되는 도로가 나오면 나는 최대한 속도를 낸다. 도로가 좀 더 복잡하면 나는 속도를 줄인다.

이런 행동에 대해 네덜란드의 저명한 교통공학자 한스 몬데르만 Hans Monderman은 이렇게 말했다.

"사람은 바보처럼 취급하면 바보처럼 행동한다."

그는 도로와 교차로를 의도적으로 복잡하게 만들어서 운전자가 속도를 줄이고 조심할 수밖에 없게 만든 것으로 유명하다. 실제로 도 효과가 있었다.

운전 속도 줄이기는 가능할까?

한스 몬데르만

걷기와 운전하기를 비교하는 글을 쓰면서 한스 몬데르만을 언급하지 않을 수가 없다. 교통공학자인 몬데르만은 기상천외한 이론을 제시하고 성공적으로 실현시켜서 도로 안전에 대한 통념을 획기적으로 바꾼 것으로 유명하다. 그는 멈춤 표지판이나 신호등을 없애면 운전자들이 조심하게 돼 도로가 더 안전해진다고 주장한다. 실제로 그랬다. 내 경험으로 봐도 그렇다. 신호등이 있으면 속도를 높여도 될 것 같은 생각이 들지만, 길이 헷갈리면 속도를 낮추고 집중한다.

굴러가는 육중한 기계를 직접 작동하는 것이 심리에 영향을 미치는 것은 당연한 일이다. 우리 손에 엄청난 힘이 쥐어진 것이니 말이다. 먼 거리를 빠르게 갈 수 있는 힘이기도 하고, 다른 사람을 다치게 하거나 죽일 수 있는 힘이기도 하다. 운전은 대단히 큰 일로 여겨져야 마땅하고, 운전자는 훨씬 더 조심해야 마땅하다.

반면에 걸으면 신경이 안정된다. 물론 급히 걸어야 할 때도 있고, 그럴 때면 마음이 조급해지기도 한다. 그래도 운전할 때보다는 주변 사람들에게 훨씬 너그러우며, 강철과 플라스틱으로 된 1톤짜리 물체로 사람들을 치어 버릴 수 있는 위치에 있지도 않다. 일 관계로 점심을 먹으러 갈 때 종종걸음을 쳐야 하는 경우가 있긴 하지

생활 속 스트레스를 줄이는 쉬운 방법

우리는 스트레스가 정신적으로뿐 아니라 신체적으로도 영향을 미친다는 것을 알고 있다. 스트레스는 정신 상태부터 신체 기관의 작동에 이르기까지 우리 몸 전체를 뒤흔든다. 그런데 우리는 스트레스를 줄이기 위해 어떤 노력을 하고 있는가? 의사들은 운동과 신체 활동을 스트레스를 줄이는 가장 중요한 조치로 강조한다. 특히 걷는 것은 신체에 미치는 충격이 적어서 그 자체로 스트레스 감소에 좋다.

만, 운전하고 주차하고 다시 운전해서 돌아오는 데 한 시간을 써야 하는 스트레스와는 비교할 바가 아니다. 걸으면 나 자신도 놀랄 만큼 너그럽고 참을성이 많아지며, 그 순간에 집중하게 된다. 삶의 속도가 그만큼 느려지고, 나는 그것이 좋다.

운전하면서나 걸으면서 혈압을 잰 적은 없지만, 내 몸은 분명 긴장의 차이를 느낀다. 운전대를 잡을 때 당신의 행동은 어떻게 달라지는가?

느리게 걸으며 꽃향기를 맡으면 마음도 건강해진다

봄에 재스민 꽃 향기를 좋아하기는 하지만, 정말로 가다 말고 멈춰서서 꽃향기를 맡은 적은 별로 없었다. 하지만 걸으면 날마다 소소한 즐거움을 찾을 수 있다. 걸으면 시간당 30마일(약 50킬로미터)이나 40마일(약 65킬로미터) 속도로 내달리지 않으므로 훨씬 많은 곳에서 아름다움을 발견할 수 있다.

그렇게 숱하게 걸으면서도 몰랐던 어느 집의 아름다운 툇마루나 창문의 세부장식이 어느 날 갑자기 눈에 확 들어오기도 하고, 새로운 식물에서 꽃이 피는 것이 눈길을 끌기도 한다. 도로에서 물이 튀면서 빛을 기가 막히게 반사하는 것을 보고 아름다움에 놀라기도 한다. 나는 포시스 공원에 서서 계속 달라지는 빛이 수면에 반사되는 것을 보곤 한다. 밤에는 빛이 없는 수면을 보는 것도 좋아한다.

파리나 로마가 낭만적인 이상을 불러일으키는 장소가 된 것은 신기한 일이 아니다. 우리는 그런 도시들을 느리게 경험하기 때문에 감동을 느낀다. 도로와 광장과 건축물은 걷는 속도로 다니면서 그것들을 알아볼 수 있어야만 매력을 느낄 수 있다. 파리나 로마는 느린 속도의 삶과 아름다움을 위해 지어진 도시다.

일상에서 그런 아름다움을 경험하면 마음과 신체에 활력이 솟는다. 아름다운 거리를 따라 걸어 내려가면 기분이 좋아지고 의욕이 생긴다. 다른 사람들도 그렇게 느낄 것이다. 아름다운 거리에서 패션 사진이나 결혼식 사진을 촬영하는 경우를 흔히 볼 수 있지 않은가. 나는 거리에서 프러포즈를 하는 광경도 여러 번 봤다. 궁극적으로 말하자면 아름다움은 보는 사람의 눈에 따라 다르겠지만, 무엇이 장소를 아름답게 하는지에 대해 우리는 공통된 감각을 가지고 있다.

도보가능한 곳이라고 해서 꼭 아름다운 곳은 아닐 수도 있다. 내가 말한 모든 장점(중요한 목적지들이 있고, 도로의 네트워크가 있고, 공공장소가 있고 등등)을 다 가지고도 별 특징이 없거나 흉한 동네일 수도 있다. 싸고 급히 지어진 건물들이 있는 세계에서는 더욱 그렇다.

우리가 사람들이 흉한 것을 만들게 놔둔다면, 우리 본성의 기본적인 본성 하나를 거부하는 것이다. 감각적인 경험을 열망하는 것은 인간의 본성이며, 시각적 아름다움은 감각 경험의 중요한 부분이다. 기술적으로는 잘 작동하는 장소라 해도 매력적이지 않다면, 아름다운 장소가 주는 만큼의 감동을 주지 못한다. 아름다움이 결여된 건물이나 풍경은 맛없는 음식과도 같다. 필요한 영양분은 담고 있을지 모르지만, 우리가 궁극적으로 열망하는 즐거움이나 쾌락은 주지 못한다. 그리고 흉한 장소에서는 나가서 걷고 싶은 마음도 들지 않는다.

자연스럽게 친환경적인 삶을 살게 된다

걷기가 환경에 미치는 긍정적인 영향에 대해서는 책 한 권이라도 쓸 수 있을 것이다. 실제로 책과 보고서가 많이 나와 있기도 하다(읽어 보시기를).

하지만 이 책은 사회적인 관점이 아니라 개인적인 관점의 책이다. 더 많이 걷고 자동차를 덜 몰면 화석연료를 자연히 덜 쓰게 된다. 그러면 온실가스도 덜 방출하게 된다. 간단하다. 오염 물질을 줄이면 좋듯이 화석연료를 줄이면 좋다.

나는 세상을 좀 더 나은 곳으로 만들기 위해 내가 할 수 있는 일들을 하고 싶다. 그리고 걷기는 내가 통제할 수 있는 중요한 영역 중 하나다. 이런 생각을 하면 기분이 좋아진다. 물론 나 개인의 소비 행태와 생활 습관만으로 글로벌 에너지 문제나 기후 변화, 환경 오염을 해결하는 데 큰 영향을 미칠 거라고는 생각지 않는다. 한 사람의 행동만으로는 세상을 구할 수 없다. 하지만 적어도 내가 노력하고 있다는 것을 알기 때문에 잠을 더 편히 잘 수는 있다.

모두가 당장 차를 포기하고 버켄스톡 샌들을 신고 걸으면서 유기농만 먹어야 한다고 주장하는 것이 아니다. 다만, 우리가 방대한 선택지의 세계에 사는 한, 모든 사람은 자신에게 가장 적합한 것이 무엇인지 진지하게 생각해야 하지 않을까?

나는 지구 환경에 관심이 많다. 지구의 건강이 나와 다른 이들의 건강에 영향을 미치기 때문이다. 오염된 물을 마시면 병이 날 것이다. 공기나 먹을거리도 마찬가지다. 나는 병에 걸리고 싶지 않고, 내 친구나 가족도 병에 걸리지 않았으면 좋겠다. 중국에서 더러운 공기에 섞인 알 수 없는 물질 때문에 기침으로 고생한 적이 있는데, 그렇게 살고 싶지는 않다.

나는 화석연료가 기후에 미치는 영향에도 관심이 많다. 나는 과학자가 아니고 가장 뛰어난 기후학자라도 지구가 계속 더워질 때 무슨 일이 생길지 정확하게 예측할 수는 없다. 하지만 기존의 기후 여건에서 생명이 꽤 잘 유지돼 왔다는 사실만큼은 알고 있다. 나는 인류가 그 기후 여건을 엉망으로 만들지 않기 위해 최선을 다했으면 좋겠다.

걷기는 지구 환경을 위해 내 나름대로 실천할 수 있게 해 준다는 점에서도 좋다. 물론 나 하나만으로 턱없이 부족하다는 것도 안다. 하지만 다른 사람들은 내가 통제할 수도 없고 그러고 싶지도 않다. 우리 모두는 각자의 선택을 한다. 그리고 나는 환경에 조금이라도 기여하며 사는 것이 좋다.

더 많이 걷고 자가용을 덜 몰면 화석연료를 자연히 덜 쓰게 된다.

그러면 온실가스도 덜 방출하게 된다. 간단하다.

오염 물질을 줄이면 좋듯이 화석연료를 줄이면 좋다.

나는 세상을 좀 더 나은 곳으로 만들기 위해
내가 할 수 있는 일들을 하고 싶다.

그리고 걷기는 내가 통제할 수 있는 중요한 영역 중 하나다.

생활을 즐기는 방법,
자전거 타기

캐런 패롤렉, 캘리포니아 주 버클리

서른여섯 살에 처음으로 어른용 장화를 샀다. 어렸을 때 장화가 있었는지는 기억이 잘 나지 않는다. 어쨌든 어른이 되고서는 장화를 살 생각을 한 적이 없었는데, 해마다 딸에게 5년간 장화를 사주면서 나도 한 켤레 사야겠다는 생각이 들었다. 게다가 나는 1년 뒤에 장화가 작아져서 다시 사야 할 필요도 없지 않은가. 장화가 있으니 물웅덩이를 마음껏 첨벙거리며 뛰어넘을 수 있게 됐다. 이제는 방수 바지, 우비, 자전거 방수 덮개까지 있어서 사방에 물을 튀기면서 자전거를 타고 물웅덩이를 가로지를 수 있다. 걷고 자전거 타는 생활을 즐기다 보면 여러 가지 면에서 젊어지는 것을 느낀다.

자전거로 퇴근하다가 완벽한 언덕을 하나 발견했다. 반 블록 정도의 길이인데 전속력으로(속도 제한을 넘기지는 않고) 내려오기에 딱이다. 그리고 다음 교차로가 되기 전에 적당한 거리에서 속도를 줄일 수 있다. 최근에 새로 포장되어서 눈 덮인 언덕을 내려오듯이 부드럽고 우아하게 하강할 수 있다. 나도 모르게 신나서 소리를 지르기도 한다. 나는 이 언덕을 일터와 집 사이의 문이라고 생각한다. 그날 일터에서 받은 스트레스는 여기에서 다 날린다.

아이들을 학교에 데려다줄 때도 자전거를 탄다. 아들은 세 살인데 인도에서 발로 밀면서 가는 자전거를 탄다. 나는 옆의 도로에서 자전거를 타고 가면서 아이를 지켜본다. 아이가 아직 페달을 사용하지 못하기 때문에 속도가 매우 늦고 가다 말고 자주 멈춘다. 내가 서두를 때는 좀 문제가 된다. 하지만 이 시간만큼은 아이가 좋아하는 속도에 맞추어서 살고자 한다. 차 한 잔을 준비해 와서, 아이가 벌레를 구경하거나 다리 아래로 물이 흘러가는 것을 보려고 설 때마다 차를 마시면서 그 순간을 즐기는 방법을 터득했다.

딸은 열 살인데 친구들과 함께 자전거로 등교를 하곤 한다. 어른이 함께 가지 않아도 딸이 안전하게 학교까지 갈 수 있다는 확신이 있다. 6년간 나와 함께 늘 자전거로 다니던 길이기 때문이다. 그 6년 동안 다른 사람들을 신경 쓰고 도로 규칙을 지키면서 조심성 있게 자전거 타는 법을 딸에게 가르쳤다. 안전하고, 책임감 있고, 예의바르고, 독립적으로 타는 법을 말이다. 엄마 말을 잘 들을 만큼 어렸기 때문에 딸은 내 말을 스펀지처럼 잘 받아들였다. 만일 딸이 열다섯 살일 때 도로 규칙을 가르치려 했다면 힘들었을 것이다. 남에게 예의를 갖추라거나 멈춤 표지판에서 순서를 잘 지키라거나 하는 말을 그리 귀담아 듣지 않았을 테니 말이다. 어려서 가르친 덕에, 나는 딸에게 그런 교훈이 몸에 배어 있을 것이라고 믿는다.

자전거를 타는 것은 내가 나 자신에게 주는 선물이다. 자전거를 타면 내가 어떤 사람이 되고 싶고 어떤 엄마가 되고 싶은지 알 수 있다. 하지만 뭐니뭐니해도 자전거 타는 것은 그저 재밌다. 물웅덩이를 첨벙거리면서 달리고 내리막길을 소리 지르면서 내려가고, 아들과 벌레를 보려고 멈추고, 딸이 성장해가는 것을 보는 것, 이보다 더 좋을 수는 없지 않겠는가.

삶을 바꾸는 걷기
자유

삶의 즐거움은
걸을 때 발생한다

토니 시스, 노스 캐롤라이나 주, 더럼

덴마크 건축가 얀 겔Yan Gehl은 "삶은 걸을 때 발생한다."고 말했다. 이 생각을 나도 자주 한다. 그래서 나더러 왜 걷느냐고 사람들이 물으면 이렇게 대답하기도 한다. "살려고요." 먹을거리와 건강, 일, 재미를 위해 걷는다는 의미에서다.

걸어 다니는 나의 삶은 어떤 모습인가? 첫째, 먹을 것이 있다. 둘째, 먹을 것이 있다. 셋째, 먹을 것이 있다. 가족에게서건, 농민 시장에서건, 브라이트리프나 아메리칸 토바코에서 열리는 여름의 야외 음악회에서건, 1주일에 몇 차례 홀푸즈마켓에 걸어가서 장을 보는 것이건, 걷는 것은 어떤 식으로든 먹을 것과 관련이 있다. 어린이집에 아이를 걸어서 데려다줄 때도 마찬가지인데(아이가 자전거로 가지 않는 경우에 걸어간다), 바나나, 고래밥, 건포도가 있기 때문이다.

4세 미만 아이가 둘이나 있을 때 유아용 시트에 아이들을 묶어 놓고 다니지 않아도 된다는 것만으로도 좋다. 그래서 우리는 토요일마다 걷는다. 사실 날마다 걷는데, 토요일은 특별하다. 1년 중 아홉 달은 토요일이면 시내의 농민시장에 간다. 집에서 1마일 떨어진 곳인데, 농민시장은 진짜배기 사교 중심지다(나머지 달에는 시장이 10시까지 열리지 않아서 시내의 빵가게로 간다). 농민시장은 도시의 축제다. 거리 음악가도 있고(우리 아들은 바이올린을 켜는 앤디를 제일 좋아한다), 공예품도 있고, 노아의 방주를 본뜬 놀이기구도 있고, 콘크리트로 된 거북이나 새도 있고, 개울 위에는 철골 다리가 세워져 있고, 10여 곳의 농장에서 온 신선한 야채, 유기농 고기, 과일, 달걀이 있다. 모두 50마일(약 80킬로미터) 이내에서 온 것들이다. 지역에서 직접 볶은 커피와 담근 맥주도 있으며, 빵과 과자류도 모두 지역에서 생산되고 만든 것들이다. 하지만 뭐니뭐니해도 핵심은 먹을거리, 재미, 자원봉사 기회, 수제 도넛 등을 찾아 이곳에 오는 다양한 사람들이다.

가는 길에 대여섯 개의 커피숍을 지나게 되는데, 한 군데에 들어가서 놀라운 맛의 마키아토와 바로 튀긴 도넛을 먹거나, 다른 곳에 들어가서 레몬 체스 파이나 버터밀크 도넛 같은 별미를 먹는다. 우리는 두 가게 주인을 다 잘 알고 있다. 내 아내는 한 명과 고등학교 동창이고 10년 전에는 다른 한 명의 첫 아이를 받았다.

우리가 걷는 것은 주말에만 있는 일이 아니다. 아이들을 어린이집에 걸어서 데려다주는데, 가는 길에 아이들이 가게 될 초등학교를 지나간다. 모퉁이 가게에 우유를 사러 가거나 출근을 하거나 할 아버지 댁에 갈 때도 걸어서 간다. 또 강의를 하거나 책을 읽거나 잔디에서 쉬기 위해 한 블록 떨어진 캠퍼스에 갈 때도 걸어서 간다. 카메론 실내체육관의 농구 경기, 윌리스 웨이드의 축구 경기, 더럼 불스의 야구 경기를 보러 갈 때도 걸어간다. 외식을 하러 갈 때도 걸어가고, 여름이면 브라이트리프의 야외 공연장에 음악을 들으러 갈 때도 걸어간다. 브라이트리프 공연장은 어쩌면 농민시장보다도 더럼 생활의 단면을 더 잘 보여 주는 곳이다. 이런 곳에 가면 우리만큼 많은 장소에 걸어갈 수 있는 사람이 무척 적다는 생각을 하게 된다.

실제로 많은 사람들은 걸을 때 날마다 얻을 수 있는 즐거움(음식, 커피, 교육, 여흥, 문화, 우연히 발생하는 행복한 상호작용 등)을 누리지 못하고 살아간다. "삶은 걸을 때 발생한다."는 말이 많은 이들에게 현실이 되려면 아직 갈 길이 멀다.

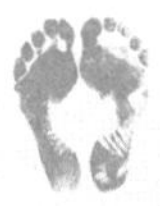

(『오만과 편견Pride and Prejudice』의 남주인공) 다아시 씨가 보기에도,
또 작가와 독자가 보기에도, 홀로 걷는다는 것은 독립의 표현이다.
홀로 걸을 때, 여주인공 엘리자베스는
저택과 저택 사람들로 이뤄진 사회적 영역을 벗어나서
생각할 자유를 가질 수 있는 넓고 고독한 세계로 들어선다.
걷는다는 것은 신체적 자유와 정신적 자유 모두를
뚜렷이 표현한다.

_ 레베카 솔닛Rebecca Solnit,
『걷기의 역사Wanderlust: A History of Walking』

자동차 시대가 시작된 이래로, 자동차가 자유의 티켓이라고 말하는 광고가 끊임없이 이어져 왔다. 자동차를 타면 운전자 스스로 경로를 정할 수 있고, 목적지까지 빠르게 갈 수 있으며, 걷거나 대중교통을 이용할 때 겪어야 할 느린 속도와 불편함도 피할 수 있을 것이라고 말이다. 물론 이 말이 사실과 다르다고 부정하는 것은 아니다. 다른 조건들이 동일하다면, 자동차는 실로 놀라운 이동성을 제공한다. 걷거나 자전거, 버스, 기차로 갈 수 있는 곳의 한계를 넘을 수 있게 해 주며, 일정에 맞게 경로를 스스로 선택할 수 있게 해 준다.

문제는 이제 더 이상 다른 조건들이 동일하지 않다는 데 있다. 자동차 소유가 일반화된 1950년대 이래로 미국의 도시가 계획되고 건설되는 방식이 대대적으로 바뀌었다. 자동차 시대의 유혹에 빠진 미국인들은 옛 도시들을 자동차를 타고 다니기에 편리하도록 다시 만들었고 자동차 위주의 새 도시들을 지었다. 제2차 세계대전 이전에는 미국의 모든 도시가 걷거나 자전거 타기에 좋게 지어졌다는 사실을 우리는 종종 잊는다. 도보가능한 곳에 산다는 개념은 사실 전혀 급진적인 것이 아니다. 정말로 급진적이었던 것은 인간의 삶을 (자동차 위주의) 완전히 새로운 유형으로 조직하기 위해 대대적으로 진행된 프로그램들이었다. 미국은 어느 사회에서도 전례가 없었던 수준의 도로와 고속도로망을 건설했다. 도시와 동네를 통째로 찢어서 이러한 도로 체계에 맞게, 그리고 그 도로를 달릴 자동차를 위한 주차장과 차고가 들어서기 좋게 재구성했다. 그와 동시에 전차와 기차의 선로를 뜯어냈다.

자동차와 현대 문명에 중독되면서 우리는 인간의 기본적인 본성들을 잊었다. 인간으로서 우리가 가진 중요한 본성 중 하나는 자유와 선택을 갈망한다는 것이다.

자동차의 노예에서 벗어나다

2013년에 이 책을 쓰기 시작하면서 몇 십 년 전을 돌아보니, 이동성의 자유라는 측면에서 미국 사회는 완전히 한 바퀴를 돌아왔다는 사실을 깨닫게 되었다. 자동차가 처음 등장해서 우리를 옛날의 복닥대던 도시에서 벗어나게 해 주었을 때 자동차는 자유의 도구였다. 그런데 이제 그 도구가 우리를 노예로 만들고 있다. 그렇다. '노예' 말이다.

내 또래나 나보다 약간 어린 또래 사람들이 많이들 그렇듯이, 성인이 되고 나서 나는 어디든지 차를 몰고 다녔다. 자동차에 전적으로 의존하지 않고 사는 삶도 있다는 것 자체를 생각하지 못했다. 3세대에 걸쳐 미국인들은 자동차 문화에 완전히 젖어서 다른 방식의 삶이 있다는 사실조차 모르고 살았다. 그것이 문제다.

미국인은 자동차에 너무 심하게 의존하고 있다. 한때는 자동차가 자유의 티켓이었지만, 이제는 우리가 자동차의 인질이 되었다. 미국 도시와 주거지 대부분은 자동차가 없으면 생존하기 어렵게 되어 있다. 먹을 것을 사러 가려고 해도 차가 있어야 하고, 좋은 주거지에 살려고 해도 차가 있어야 하며, 일자리를 구하려 해도 차가 있어야 하고, 출퇴근을 하려고 해도 차가 있어야 하고, 놀러 가려고 해도 차가 있어야 한다. 차가 없거나 어떻게든 차편을 구하지 못하면 속수무책으로 발이 묶일 수밖에 없다.

그 속수무책의 심정을 다들 잘 알고 있을 것이다. 나 역시 십대일 때 그런 경험을 했다. 무모하던 열여섯 살 때의 어느 날 밤, 고등학교 주차장에 고물 쉐비 임팔라 자동차를 몰고 가서 핸들을 최대한 꺾어 뱅글뱅글 도는 짓을 몇 시간이나 하다가 엔진이 멎어 버리고 말았다. 부모님이 오셔서 나를 데리고 가야 했는데, 노발대발한 부모님은 1주일 동안 자동차 열쇠를 압수했다. 내게는 사회적인 사형 선고나 마찬가지였다. 차 없이 어떻게 내게 삶이 존재할 수 있단 말인가?

차가 없어서 난감했던 경험이 다들 있을 것이다. 차가 고장났는데 수리를 바로 할 수 없는 경우, 차가 수리점에 며칠 동안 묶여 있는 경우, 다쳐서 나을 때까지 운전을 하지 못하게 된 경우, 일자리를 잃어서 차 유지비를 감당할 수 없게 된 경우 등등.

이런 상황들, 그리고 더 많은 다른 이유들 때문에 나는 걷는 것

자동차 중심 사회

퓨처라마에 반한 사람들

자동차 시대가 얼마나 유혹적이었는지 보여 주는 전형적인 사례는 제너럴모터스가 1939년 세계 박람회에서 전시한 '퓨처라마'일 것이다. 낡고 빽빽한 도시의 거리에서 겪는 방해 없이, 쭉쭉 속도를 내어 고속도로를 달리는 미래 사회의 모습을 보여 주는 전시였다. 하지만 몇 십 년이 흐른 지금, 운전은 더 이상 흥미롭지 않다. 자동차 문화가 초래한 결과 중 하나는 모두가 운전을 하게 되면서 모두가 끝없이 교통 체증에 시달리게 됐다는 점이다. 도로는 자동차 광고에 나오는 낭만적인 도로와 달리 커지고 흉해졌다. 자동차 중심적인 오늘날의 현실은 1939년의 상상과는 퍽 다르다.

을 좋아하고 걸을 수 있는 곳에 살기로 결정했다. 역설적으로 자동차에 의존하지 않기 때문에 보통 사람들보다 이동이 더 자유롭다. 나는 차에 문제가 생겨서 꼼짝없이 집에 갇혀 있어야 하는 경우가 없다. 차가 고장나더라도 어지간한 데는 걸어서 갈 수 있고 자전거나 대중교통을 이용하면 필요한 곳 어디든지 쉽게 갈 수 있다. 차를 급하게 쓸 일이 없으니 한동안 차를 수리하지 않아도 된다. 전형적인 교외 주거지에서 자란 나로서는 이 자유가 얼마나 힘이 되는지 말로 설명하기가 어렵다.

자동차 의존성에 대해 생각을 바꾸게 된 계기는 파리에서 보낸 여름이었다. 건축학과 학부생이던 1993년, 나는 여름 강좌 프로그램에 참여하기 위해 파리에 갔다. 그해 여름의 대부분을 파리 도심의 외곽, 주르당 가의 바로 바깥에 있는 인터내셔널 유니버시티에서 보냈다. 파리 중심부가 아니었는데도 차가 필요하지 않았고, 그것이 너무나 자유롭게 느껴져서 정말 놀랐다. 물론 차가 필요할 때는 렌트해서 사용했다(차를 렌트해 여행을 한 번 가기도 했다). 하지만 그 6주 동안 딱히 차가 필요한 일은 없었다. 의도치 않게 완전히 다른 방식으로 생활을 하게 되니 눈이 번쩍 떠졌다. 하지만 미국에 돌아온 뒤 나는 앞에 놓인 삶의 선택지를 보고 솔직히 무척 우울했다.

하지만 이 책에서 내가 내내 주장하듯이 우리가 택할 수 있는 선

나는 차에 문제가 생겨서
꼼짝없이 집에 갇혀 있어야 하는 경우가 없다.

차가 고장나더라도 어지간한 데는 걸어서 갈 수 있고
자전거나 대중교통을 이용하면
필요한 곳 어디든지 쉽게 갈 수 있다.

차를 급하게 쓸 일이 없으니
한동안 차를 수리하지 않아도 된다.

택의 여지는 생각보다 많다. 파리에서의 내 경험은 20년 전이고, 그동안 미국도 많이 달라졌다. 미국의 도시와 마을들은 사람들이 두 발로 걸어 다니던 100년 전의 특성을 되살리면서 다시 태어나기 시작했다. 어떤 곳은 좀 더 많이 진전됐고, 어떤 곳은 아직 미미하지만 도보가능성이 중요하다는 인식이 전국적으로 확산되고 있다. 이는 매우 고무적인 일이다. 미국의 도시와 거주지들 중에도 걸어 다닐 수 있고 내가 파리에서 느꼈던 자유의 느낌을 경험할 수 있게 해 주는 곳이 점점 많아지고 있는 것이다. 나는 그런 곳을 조지아 주 서배너에서 발견했다. 물론 다른 곳들도 많이 있다. 그리고 걸을 수 있는 곳에 살지 않더라도, 또 이사를 가지 않더라도, 약간의 창의력을 발휘한다면 일상생활에서 걸을 수 있는 가능성은 많다. 시도해 보고, 이동 수단의 선택지가 늘어났을 때 느낄 수 있는 자유를 경험해 보기 바란다.

자동차 없는 생활은 결코 불편하지 않다

나는 자동차와 함께 자랐고, 내 차를 갖게 될 날을 꿈꾸며 자랐다. 미주리 주 마셜에서 십대 시절을 보내면서 자동차가 가져다줄 자유보다 내가 더 간절히 원한 것은 없었다. 나는 차를 몰고 여자에게 잘 보일 날을 고대하며 자랐다. 우리 가족은 자동차로 미국 전역을 돌아다니며 여행하곤 했다. 또 나는 자동차가 어느 정도 나 자신의 확장이라고 생각했다. 어려서 돈이 하나도 없었을 때도 친구들과 나는 어떤 고물차를 사서 어떻게 꾸밀지에 대해 끝도 없이 이야기하곤 했다.

'내 자동차가 곧 나'라는 생각은 남자들만 가진 것이 아니었다. 내 세대와 약간 윗세대의 많은 여성들에게 자신의 자동차를 갖는다는 것은 이 세상에 자신의 장소를 스스로 지을 수 있는 길이었고, 남성으로부터의 독립을 표현하는 방법이었다. 내 고등학교 동창 르네 젠트리Renee Gentry는 이렇게 설명했다.

"블루바머 기억 나? 내 파란색 1977년식 쉐비 임팔라. 업그레이드된 카세트 데크도 있었어. 좋았지! 그건 자유였어. 내게는 세 가지의 면에서 중요했는데, 여성으로서, 막내로서, 그리고 '시골 아이'로서 자동차는 자유를 의미했지. 언니나 오빠가 고른 음악이 아니라 내가 선택한 음악을 들을 수 있었거든. 그때까지 언니와 늘 방을 같이 써야 했는데, 자동차는 내가 처음으로 언니와 함께 쓰지 않아도 되는 뭔가였어. 데이트 상대가 나를 데리러 오기를 기다리고만 있을 필요도 없었어. 말 그대로 '타운에 나갈 수' 있었고, 내가 일자리를 얻을 수 있다는 말이기도 했지. 그리고 어딘가 다른 곳에 있는 대학에 갈 수 있다는 뜻이기도 했어."

내가 살아온 환경을 생각할 때, 차 없이 산다는 생각은 낯설고 무섭기까지 했다. 차를 완전히 없애 볼까 하고 생각하니, 다리를 자르는 것과 비슷한 심정이었다. 지금은 자동차에 크게 의존하며 살지는 않지만, 그래도 자동차라는 선택의 여지가 있다는 것은 어느 정도 안심을 준다.

그런데 나이가 들고 걷는 생활을 더 좋아하게 되면서 자동차 없이 사는 쪽으로 마음이 점점 더 끌리고 있다. 이제는 내 일상적인 이동 패턴을 생각해 보면서 차 없이 사는 생활을 그려 볼 수 있다. 타겟 매장에는 어떻게 가야 할까? 영화관이나 해변은? 공항에는 택시로 가야 할까?

사실 나는 차가 없어도 이용할 수 있는 선택의 여지가 많다. 차를 팔아도 일상생활에 아무 문제가 없을 것이고, 차가 없다는 것 자체를 인식하지도 못할 것이다. 일상적인 이동은 걷거나 자전거로 매우 쉽게 할 수 있기 때문이다. 또 멀리 가야 할 일이 있을 때는 버스나 택시를 타면 된다. 하루 이상 차가 필요한 경우에는 렌트를 할 수도 있다.

그리고 차 없이 살 때 선택할 수 있는 것이 또 있다. 요즘 떠오르고 있는 '공유 경제'가 차 없이 살 때 이용할 수 있는 선택의 여지를 크게 확장해 주고 있다. 얼마 전까지만 해도 자동차 공유 서비스는 주로 유럽에서만, 그리고 미국에서는 대도시에서만 이용할 수 있었지만 어느새 미국의 많은 도시에도 생겨났다. 서배너에는 아직 없지만 전국적으로 확산되는 추세를 볼 때 한두 해 안에 생길 것 같다. 자동차 공유 서비스를 이용하면, 차를 소유할 때의 장점을 다 누리면서도 차를 소유하는 데 따르는 귀찮음은 피할 수 있다. 그리고 나처럼 차가 자주 필요하지 않는 사람에게 자동차 공유 서비스는 매우 매력적인 대안이 될 수 있다.

공유 경제

집카Zipcar, 에어비앤비Airbnb, 자전거 공유와 같은 말을 들어 보았을 것이다. 정보통신 기술을 활용해서 내가 소유한 것에 다른 사람들이 접할 수 있도록 하는 시스템을 '공유 경제'라고 부른다. 인터넷과 모바일앱을 통해 믿을 만한 사회적 네트워크가 만들어지므로 현실에서도 상호 접촉이 많아지는 부수 효과도 생긴다. 필요하거나 원하는 것을 획득하는 방식으로서, 공유 경제는 (시장 경제나 선물 경제와 대비되는) 새로운 삶의 방식이다.

도보가능한 도시의 부수적 장점 하나는 이런 도시야말로 자동차나 자전거 공유 서비스가 생기기에 가장 좋은 도시라는 점이다. 이

차가 없어도 이용할 수 있는 선택의 여지가 많다.

차를 팔아도 일상생활에 아무 문제가 없을 것이고,
차가 없다는 것 자체를 인식하지도 못할 것이다.

일상적인 이동은 걷거나 자전거로 매우 쉽게 할 수 있기 때문이다.

또 멀리 가야 할 일이 있을 때는 버스나 택시를 타면 된다.

하루 이상 차가 필요한 경우에는 렌트를 할 수도 있다.

용자가 일단 공유 자동차나 공유 자전거들이 대기하고 있는 곳까지 가야 하는데, 대개 걸어서 가야 할 터이므로 그런 곳은 도보로 접근이 가능한 장소에 위치하게 된다. 그리고 도보가능한 동네에서는 사람들이 운전을 덜 하기 때문에 자가용을 직접 소유하는 것보다 공유 자동차를 이용하는 것이 더 좋다. 나는 우리 사회가 자동차 문화의 막바지를 지나고 있다고 생각한다. 자동차 문화에서 벗어나는 전환과 관련해서, 공유 경제가 우리의 삶을 어떻게 바꾸고 있는지 살펴보는 것은 매우 흥미로운 일이다.

나는 버스를 탈 수 있고 버스는 무섭지 않다

솔직히 미국인 대다수는 버스를 가난한 사람들이나 타는 것으로 여긴다. 가난한 사람들은 다른 방법이 없어서 버스를 타고, 다른 방법이 없는 이유는 차를 사고 유지할 돈이 없어서일 것이라고 말이다. 미국인들은 버스 타는 사람들이 안됐다고 생각한다.

많은 통념이 그렇듯이 여기에는 맞는 부분도 꽤 있다. 우리가 대체로 자동차 문화 속에서 자라왔음을 생각할 때, 버스는 끔찍한 대안이다. 십 대 시절에 나는 학교 버스를 안 타도 되는 날을 손꼽아 기다렸고, 성인이 되고 나서는 안 그래도 될 때 버스를 타기로 선택한다는 것은 상상도 할 수 없는 일이었다.

부정적인 점부터 생각해 보자. 버스는 좌석이 좁으며 무서워 보이거나 냄새나는 사람들이 많다. 가는 동안에는 이리저리 몸의 균형이 쏠리고 급정거를 하기도 한다. 요금 내는 방식도 헷갈린다. 노선도 그렇다. 거리에서 번호판만 보고도 어디로 가는 버스인지 대번에 알 수 있는 사람은 매우 예외적인 것이다. 이런데도 왜 나는 버스 타는 게 좋은 일이라고 말하는 것일까?

버스를 현미나 생야채 주스라고 생각해 보자. 처음에는 좋아하지 않을 수도 있지만 몸에 좋고 점차 익숙해지며 즐기게 되기까지 한다. 버스를 타는 것은 후천적으로 개발되는 취향이라고 말할 수 있다. 나는 날씨가 안 좋거나 게으름을 피워서 바쁜 날에는 버스를 탄다. 정거장까지 몇 블록 걸어가서 1, 2분 기다리면 버스가 온다. 노선은 여전히 헷갈리곤 하지만, 버스는 걸어서 갔더라면 30분 이상 걸렸을 곳까지 빠르고 쉽게 갈 수 있는 교통수단이다. 친구들에게 해 줄 재밌는 이야기를 덤으로 얻기도 한다.

쾌적하지 않고 시스템이 헷갈릴 수도 있지만 버스에는 장점도 꽤 많다. 겨울에는 따뜻하고 여름에는 시원하다. 먼 거리를 가기에도 비싸지 않다. 주차를 신경 쓸 필요도 없는데 어떤 곳에서는 주차 고민을 덜어 주는 것이 매우 큰 장점이다. 또 운전을 하지 않아도 되므로 그냥 등받이에 쭉 기대어 앉아 있으면 된다. 멀리 갈 때는 책이나 영화를 볼 수도 있다. 한 가지 더. 우리는 버스 시스템에 이미 세금을 냈다. 그러므로 여기에서도 재정적인 이득의 요소를 발견할 수 있다.

경전철, 전차, 장거리 기차에 대해서도 마찬가지로 이야기할 수 있다. 운전 스트레스 없이 그 시간을 무언가 다른 활동에 쓸 수 있다.

좋은 소식은, 똑똑하고 훌륭한 사람들이 버스를 더 타기 좋게 만들고 있다는 점이다. 버스 시설이 안전하고 깔끔하게 개선되고 있으며 운행 일정도 스마트폰으로 쉽게 알 수 있다. 구글맵 지도에 버스 노선이 추가된 것도 꽤 편리하게 이용할 수 있다. 또 많은 도시가 버스 시스템을 개편하면서 수요가 많은 곳에 운행을 늘리고 이용하기 쉽게 만들고 있다.

이 모든 것이 버스 정류장까지 가는 것이 편리하지 않다면 소용이 없다. 그리고 걷기 좋은 동네라면 분명 버스 정류장까지 가기가 편리할 것이다. 버스를 타려면 버스 정거장까지 걸어서 가거나 누군가가 버스 정거장에 데려다줘야 할 텐데, 자동차 중심적인 도시는 인도가 없는 곳도 있고 도로에는 차들이 쌩쌩 달리고 있기 때문에 버스 정거장까지 가기가 어렵다. 걷기 좋은 도시는 도보로 이동이 자유롭기 때문에, 그리고 사람이 더 많기 때문에, 더 좋은 버스 시스템을 갖추고 있다.

그러므로 당신이 버스에 대해 부정적인 이미지를 가지고 있는 많은 사람 중 하나라면 달라질 수 있다. 나도 그랬다. 나는 이제 버스를 자주 탄다. 사람들이 버스를 엄청나게 좋아하게 되지는 않겠지만, 현미에 구운 닭고기와 야채 약간을 곁들여 먹는 것이 때로는 괜찮지 않은가?

다른 도시로 가야 할 때

장거리를 갈 때도 버스와 기차가 유용하다. 나는 암트랙(기차)이나 그레이하운드(버스)를 열광적으로 좋아하지는 않지만 걸어서 다닐 수 있는 반경의 한계를 넓혀 준다는 점만큼은 확실하다. 나는 버스 정거장이나 기차역까지 차가 없어도 쉽게 갈 수 있고(혹은 택시로 금방 갈 수 있다), 그러면 운전대를 전혀 잡지 않고도 다른 도시들에 갈 수 있다.

걷기 좋은 도시는 자녀에게도 좋다

나는 아이가 없지만, 있더라도 아이들이 나처럼 걸어 다닐 수 있는 곳에서 자유롭게 걸어 다니면서 살기를 바란다. 이제까지 이동의 자유가 내게 얼마나 큰 이익을 주었는지 길게 이야기했는데, 이 책의 뒷부분에서는 이동의 자유가 주는 사회적인 이익도 이야기할 것이다. 이러한 자유를 아이들도 누릴 수 있다. 혼자 밖에 나갈 수 있을 정도로 큰 아이들이라면 더욱 그렇다.

걸어 다니기에 좋은 곳에 살면, 부모와 자녀의 삶 모두가 더 나아질 수 있다. 동네에 학교가 있다면 걸어서 통학할 수 있고, 공원이나 가게, 친구네 집에 갈 때도 차로 데려다줄 필요가 없다. 몇 세대 전에 그랬듯이 아이들이 부모님의 심부름을 하기 위해 가게에 갈 수도 있다.

많은 부모들이 이런 점을 어처구니없거나 끔찍하다고 생각할 것이다. 무섭고 이상한 사람이 많은 세상 아닌가? 대체 왜 아이를 혼자 돌아다니게 한단 말인가? 사실 우리는 아이들에게 끔찍한 일이 일어

아동 유괴, 과장과 진실

2009년에 AOL 뉴스는 아동 유괴와 관련된 통계의 이면에 있는 놀라운 사실을 하나 보도했다. 실종된 아이의 수가 전반적으로 줄고 있을 뿐 아니라, 실종된 아이 중 아주 일부만이 낯선 사람에게 유괴된 경우였다. 절반은 가출이었고 나머지의 대부분은 가족에 의한 납치였다.

＊출처: "Child Abductions: The Hype vs. the Reality," AOL News,
http://www.aolnews.com/2009/11/13/child-abductions-the-hype-vs-the-reality/

날 수 있는 시대와 장소에 살고 있다. 이는 정말 불행한 일이다. 이상하고 위험한 사람이 존재한다는 것 또한 분명한 사실이니까.

하지만 통계를 보면 우리가 가장 두려워하는 일은 매우 드물게 일어나며, 아동에 대한 폭력은 줄어들고 있음을 알 수 있다. 뉴스가 너무 빠르게 전달돼서 그렇게 보이지 않을 뿐이다. 어디에서라도 범죄가 벌어지면 금세 전국적인 뉴스가 된다. 하나하나의 사건 모두가 과다한 관심과 조명을 받으면서 우리의 깊숙한 곳에 있는 불합리한 두려움을 건드린다. 그리고 우리는 이렇게 생각한다.

"여기에서도 일어나면 어떡하지?"

때로는 두려운 일이 정말로 일어나기도 한다. 하지만 우리가 두려움에 굴복해 삶의 즐거움을 포기한다면 아이들도 그래야 한다. 아이들이 마음대로 밖에서 놀도록 허락했던 곳이 아이들을 특정한 장소에 가두는 곳이 된다. 학교까지 흔하게 걸어가던 곳이 차로 데려다줘야 하는 곳이 되는 것이다. 내가 초등학교 때는 방과 후면 우르르 친구네 집에 걸어가서 즉석에서 개발한 놀이를 하며 놀곤 했다. 오늘날의 부모는 아이에게 이 정도의 자유를 허용하는 것을 거의 방임으로 여긴다. 아이들을 자동차에 폭 담아 와서 집 뒤뜰에서 놀게 하거나 어른들이 보는 가운데서 운동을 하게 하는 것이 더 좋고 안전하다고 생각한다.

하지만 안전에 대해서라면, 아이들(그리고 어른들도)을 자유롭게 돌아다니게 하는 것과 관련해 중요한 사실이 하나 있다. 도보가능한 지역은 경찰이 선호하는 지역이다. 더 안전하기 때문이다. 도보가능한 지역은 거리에 사람이 많아서 무슨 일이 벌어지면 증언할 사람이 많고, 이는 범죄를 예방하는 효과가 있다. 또 걷기 좋은 동네는 대개 주택이 앞쪽으로 트여 있고 현관 툇마루가 있다. 현관 툇마루에 앉아 있는 사람들이 '거리의 눈' 역할을 하기 때문에 거리가 더 안전해진다.

거리의 눈 Eyes on the Street

저명한 저자이자 활동가 제인 제이콥스 Jane Jacobs가 한 말이다. 제이콥스는 시민 활동가이자 도시 애호가로, 1960년대에 자동차 위주의 도시 계획이 도보 위주의 삶을 파괴하는 것에 저항했다. 제이콥스는 촘촘한 도시에서는 사람들의 눈이 '지켜보는' 역할을 하기 때문에 더 안전하다는 점을 설득력 있게 설명했다.

우리는 아이들이 많은 시간을 보내는 자동차가 아이들에게 가장 위험한 공간이라는 사실을 쉽게 잊는다. 아동 사망 원인 중 가장 많은 부분을 차지하는 것이 자동차 사고다. 1세 미만 영아를 제외하고 모든 연령 집단에서 그렇다. 질병, 기형, 살해보다 자동차 사고로 목숨을 잃는 아이가 더 많다. 이에 더해 수백만 명의 아이가 자동차 사고로 다친다.(미국 의학도서관과 미국 국립보건원이 발표한 아동 사망 원인 자료를 다음 웹사이트에서 볼 수 있다. http://www.nlm.nih.gov/medlineplus/ency/article/001915.htm)

안전상의 이유 말고도, 이동성과 독립성은 아이들의 성장 발달에도 더 좋다. 아이들은 컴컴한 방에서 비디오 게임에 몰두하는 것을 넘어서 세상을 확장해야 한다. 사회성은 어린 시절에 배워야 할 중요한 덕목이며, 일상에서 다양한 사람들을 만나는 것보다 사회성을 배우기에 더 좋은 방법은 없다. 그리고 아이들이 집에 틀어박혀서 부모가 어디론가 데려다줄 때까지 기다리지 않고 밖에 나가서 돌아다니거나 자전거를 탄다면 일상에서 다양한 사람을 만나기가 훨씬 쉽다.

이동성은 운전을 할 수 있는 어른에게뿐 아니라 아이에게도 중요하다. 아이들은 세상을 탐험하고 싶어 하며, 우리는 아이들이 세상을 탐험하기 쉽도록 만들어 주어야 한다.

어렸을 때 내가 신문에서 가장 좋아했던 코너는 매주 한 번 1910년대부터 1960년대까지 캔자스시티에서 어린 시절을 보낸 사람들이 그때의 경험을 이야기하는 작은 코너였다. 나는 어른이 없는 채로 친구들끼리 전차 타고 놀러 가던 것을 사람들이 얼마나 좋은 기억으로 간직하고 있는지를 보고 놀랐다. 그들은 혼자서나

사회성은 어린 시절에 배워야 할 중요한 덕목이며,
일상에서 다양한 사람들을 만나는 것보다
사회성을 배우기에 더 좋은 방법은 없다.

그리고 아이들이 집에 틀어박혀서
부모가 어디론가 데려다줄 때까지 기다리지 않고
밖에 나가서 돌아다니거나 자전거를 탄다면
일상에서 다양한 사람을 만나기가 훨씬 쉽다.

친구들끼리 동네 가게에 걸어가거나 자전거를 타고 공원에 놀러 갔다. 한 세기 전의 아이들은 오늘날의 아이들보다 훨씬 자유로웠다. '안전한 통학 길을 위한 센터National Center for Safe Routes to School'는 2011년 11월에 이와 관련한 연구 보고서 '아이들이 통학하는 법How Children Get to School'을 발표했는데, 이에 따르면 1969년까지만 해도 48퍼센트의 아이들이 걸어서 통학을 했지만 요즘은 13퍼센트만이 걸어서 통학을 한다.

우리 모두 세상에 대해 두려움을 가지고 있다. 그런 두려움 때문에 너무나 많은 것을 포기하게 된다는 점은 안타깝다. 어린 시절의 모험은 매우 소중하며, 독립심과 세상에 대한 관여도를 높이는 데 필수적이다. 어린 시절의 독립성은 사회성뿐 아니라 자존감과 자신감도 높여 준다. 우리가 걷기를 재발견한다면, 아이들의 천국을 다시 만들 수 있을 것이다.

자전거 라이더의 천국

덴마크는 자전거 라이더의 천국이다. 자전거를 거의 모든 사람이 쉽게 이용할 수 있는 교통수단으로 만든 것으로 유명하다. 코펜하겐에서는 인구의 58퍼센트가 날마다 자전거를 탄다.

멀리 갈 일이 있으면 자전거로 쉽게 갈 수 있다

미네소타 주 앨버타 리에 살던 어린 시절에 (세발자전거는 떼고 나서) 내 주된 이동 수단은 자전거였다. 자전거로 친구 집이나 공원, 호수에 가는 것이 좋았다. 자전거 타는 것이 쉽고 안전한 작은 마을에 살아서 행운이었다. 그리고 자전거 타는 게 쉽고 안전했던 데는 자전거 차선과 자전거 전용 도로가 잘 돼 있었던 덕이 컸다.

어른이 된 지금도 자전거를 좋아한다. 지금의 자전거는 더 비싸고 멋있다. 하지만 동일한 목적을 수행한다. 차 없이 다닐 수 있는 여지를 확장해 주는 것이다. 그리고 자전거 친화적인 곳에서는 자전거 타는 게 운전보다 재밌다.

나는 자동차에 덜 의존하는 삶에 대해 이야기할 때 나에게나 다른 사람에게나 되도록 정직하려고 한다. 여태껏 말했지만 나는 걷는 것을 정말로 좋아하고, 일상생활에서 가야 할 곳은 어지간하면 걸어서 다닌다. 하지만 어떤 곳은 너무 멀고, 어떤 날은 걷고 싶지 않으며, 어떤 날은 날씨가 좋지 않다. 그럴 때는 자동차를 타기도 하지만, 자전거로도 걸을 때보다 훨씬 빨리 목적지에 갈 수 있다. 내가 가는 곳들은 집에서 대개 1마일(약 1.6킬로미터) 이내에 있으며, 자전거로는 한 번에 2, 3마일(약 3~5킬로미터)이나 5마일(약 8킬로미터)도 쉽게 갈 수 있다.

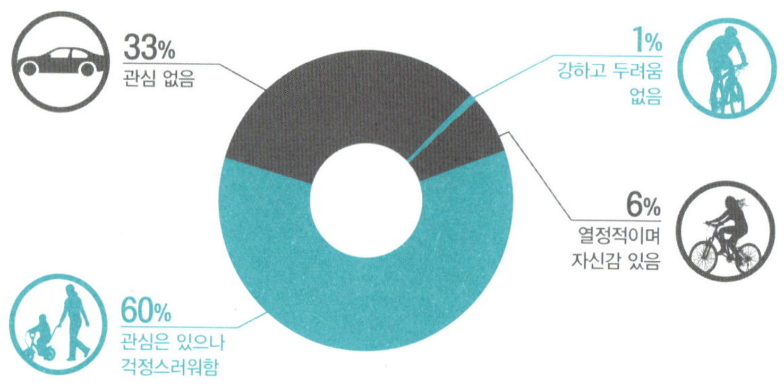

미국에서는 오랫동안 자전거가 실용적인 교통수단이라는 점이 간과되어 왔다. 유럽 국가들은 자전거가 실용적인 교통수단이 되게 하는 데 많은 진전을 보였지만, 미국은 거의 선수급의 라이더들만 자전거를 탈 수 있는 방향으로 움직였다. 화려한 색상의 딱 달라붙는(때로는 너무 심하게 달라붙는) 복장을 하고서 어느 악조건에서도 어디든지 자전거로 가는, 자전거 전사들 말이다. 그들은 자전거에 많은 돈과 시간을 쓰고 한 번에 50마일(약 80킬로미터)이나 100마일(약 160킬로미터)을 자전거로 달린다.

그들에게는 그게 좋을지 몰라도, 나는 아니다. 그리고 자전거 전사들은 미국 인구 중 아주 일부에 불과하다. 사이클 전문가들에 따르면, 그 정도의 숙달된 자전거 라이더는 인구의 1~3퍼센트뿐이

최근에 생겨난 자전거 인프라 중 훌륭한 것 두 가지를 꼽으라면, 자전거 공유와 자전거 전용 도로를 들 수 있다. 자전거 공유는 자전거를 소유하지 않고도 탈 수 있게 해 주고, 차세대의 자전거 차선이라 할 수 있는 자전거 전용 도로는 자동차로부터 자전거를 보호해 준다.

며, 우리 대부분은 '관심은 있지만 걱정스러워하는' 범주에 속한다고 한다. 자전거를 더 타 보고는 싶지만 안전, 비용, 도로 조건, 도난 등을 걱정스러워하는 것이다.

자전거 공유 프로그램이 늘면서 자전거를 소유하지 않고도 쉽게 탈 수 있게 됐다. 초기의 자전거 인프라는 고작해야 차선 옆에 처량하게 선을 하나 더 그어 놓은 자전거 차선 정도였지만, 자전거 전용 도로가 생기는 등 물리적인 인프라도 개선되고 있다. 또 많은 도시들이 자전거 주차 공간과 자전거 거치대를 마련해서 자전거 도난을 방지하고 있다.

세계는 자전거를 쉽게 탈 수 있도록 변하고 있는 추세다. 나에게 자전거는 세상을 탐험하고 필요한 곳에 가고 그 과정에서 돈도 조금 아끼게 해 주는 또 하나의 방법이다. 운동의 효과도 있다(4장에서 다룬다). 그리고 어린 시절의 경험을 다시 써먹을 수 있다. 자전거를 꺼내서 어린 시절의 재미를 되살리는 것은 정말로 쉽다.

걷고 싶은 길을 선택할 수 있는 즐거움이 있다

시인 윌리엄 쿠퍼_{Wiliam Cowper}는 "다양성이야말로 삶의 모든 맛을 만드는 양념이다."라고 말했다.

로버트 프로스트_{Robert Forst}도 시에서 이렇게 말했다.

"(훗날에 나는 이야기할 것입니다) 숲에 길이 두 갈래로 나 있었다고. 나는 사람들이 적게 간 길을 택하였다고. 그로 말미암아 모든 것이 달라졌다고."

두 시인 모두 우리가 갖고 있는 인간의 깊은 속성을 이야기하고 있다. 우리는 선택의 여지가 있는 상황을 좋아한다. 고를 수 있다는 것은 좋은 것이다. 무엇에 대해서든 선택할 수 있다는 것은 자아의 감각과 자유의 감각에 자양분이 된다.

많은 사람들이 걷기 좋은 도시를 만드는 것에 대해 논의할 때 인도가 부족하다는 불평에서 시작하곤 한다. 좋은 출발점이긴 한데,

인도는 내가 우리 동네에서 날마다 누리는 두 가지의 다른 요인에 비하면 중요성이 훨씬 떨어진다. 하나는 갈 만한 목적지가 존재해야 한다는 것이고, 다른 하나는 목적지까지 갈 수 있는 경로가 여러 가지여야 한다는 것이다.

첫 번째 요인은 명백하다. 가고자 하는 곳이 없으면, 걷고자 하는 욕망도 줄어든다. 물론 그저 휴식 삼아 걷는 것도 나쁘지는 않지만, 이 책에서 이야기하는 걷기와는 다르다. 내가 말하는 걷기는 일상에서 다녀야 할 목적지(학교, 가게, 커피숍, 공원, 식당, 사무실 등등)에 도달하는 수단으로서의 걷기다. 두 번째 요인인 다양성은 너무나 흔히 간과되곤 한다. 하지만 쿠퍼와 프로스트가 말했듯이 우리는 다양성을 좋아한다. 목적지까지 가는 길이 딱 하나라면, 걷는 것에 금세 흥미를 잃게 돼 허드렛일을 하는 것처럼 느껴질 것이다. 가는 경로가 다양해서 선택할 수 있다면 더 많이 걸어 다니고 싶을 것이다. 나는 날씨와 기분, 용건, 동행인 등에 따라 제일 잘 맞는 길을 선택할 수 있다. 도시 개발 용어로 이러한 다양성을 거리의 '네트워크'라고 부른다. 네트워크는 개별 부분들의 단순한 총합을 넘어선다. 격자형 거리 구조만으로도 길이 한두 개밖에 없는 것에 비해 선택의 여지를 기하급수적으로 늘릴 수 있다.

1940년대 이전, 사람들이 일상적으로 걸어서 다니던 시절에 지어진 도시나 마을은 대부분 그런 방식으로 지어졌다. 하지만 제2

세계는 자전거를 쉽게 탈 수 있도록 변하고 있는 추세다.

나에게 자전거는 세상을 탐험하고 필요한 곳에 가고
그 과정에서 돈도 조금 아끼게 해 주는 또 하나의 방법이다.

운동의 효과도 있다.

그리고 어린 시절의 경험을 다시 써먹을 수 있다.

차 세계대전 이후 자동차 문화를 받아들이면서 도시와 마을의 구조가 자동차가 다니기 좋은 쪽으로 급속히 바뀌었다. 도시계획가와 교통공학자들은 새로운 도로 시스템을 만들고는 집산도로, 간선도로, 컬드삭cul-de-sac(통과 교통이 없도록 각 주택에서 도로가 끝나는 막다른 길 형태의 도로 체계)과 같은 이름을 붙였다.

새 도로 시스템은 상호 연결된 네트워크가 아니라 하수도 시스템처럼 구성됐다. 자동차들은 각 출발지에서부터 모여서 점점 더 큰 파이프들을 따라 흘러간다. 이러한 접근방식은 당시의 기술지향적인 시대정신에 잘 맞았다. 우리는 합리적이고 산업적인 정신이 모든 도시 문제를 해결해 줄 것이라고 믿었다. 자동차에 더 쉽게 의존하게 됐고, 정교한 도로 교통 시스템이 도입됐다. 둘러가는 길은 의도적으로 제한됐다. 부정적인 효과가 가장 적은 쪽으로 교통량이 유도돼야 했기 때문이다. 그리고 걷기와 자전거 타기는 전적으로 휴식을 위한 활동으로 축소됐다. 우리는 자동차가 제공하는 이동성을 중심으로 세계를 구성했고, 무슨 운명의 장난인지 이는 전체적인 이동성을 훨씬 줄이는 결과를 낳았다.

일단 어느 장소가 자동차 중심적으로 지어지고 나면, 도시계획가가 그곳을 걷기 좋은 곳으로 다시 고치기는 매우 어렵다. 거리는 너무 길어서 지루하고 목적지들은 너무 흩어져 있어서 걸어가기 힘들다. 간선도로-집산도로 체제 때문에 우회로는 매우 적으

며, 그나마도 차량 때문에 걷기에 유쾌하지 않다. 교통수단의 우선
순위가 다르게 설정된, 아예 다른 시스템이라고 보아야 한다. 자동
차 중심적인 곳에서 변화를 만들거나 개선하는 것이 불가능하다는
말은 아니지만, 매우 어려운 것은 사실이다.

오래된 도시들에는 좋은 네트워크의 뼈대가 여전히 존재한다.
거리는 격자식으로 되어 있고, 블록들은 짧은 편이며, 목적지들은
가까이 붙어 있다. 서배너의 경우, 목적지까지 걸어서 가는 방법이
매우 많다. 이러한 선택의 여지는 돌아다니는 재미도 더해 주고 동
네와 도시를 더 많이 보게 해 준다. 지루하려야 지루할 수가 없다.

그뿐 아니라 더 많이 연결된 거리 네트워크가 있는 곳은 걷기에
만 좋은 게 아니라 운전하기에도 좋다. 운전을 할 때 짧은 거리를
길게 돌아가지 않아도 된다(새로 지어진 주거지들에서는 이런 일이 허다
하다). 그리고 길이 많기 때문에 어느 길에 사고가 났거나 차가 막
히면 옆길로 들어가서 쉽게 피해 갈 수 있다. 이런 상황을 '윈-윈'
이라고 부를 수 있을 것이다. 무엇이라 부르건, 다양성과 선택지가
많으면 단순한 걷기의 경험이 날마다의 즐거움이 된다는 점은 분
명하다.

도로가 통제되어도 생활에 방해받지 않는다

나는 걷기도 하지만 달리기도 한다. 열성파는 아니고 1주일에 한두 번, 5킬로미터나 10킬로미터 정도 뛰고 가끔은 하프 마라톤을 하기도 한다. 열성파인 친구들은 내 달리기가 가벼운 수준이라고 이야기하지만, 나는 그들의 달리기가 너무 높은 수준이라고 생각한다.

많은 사람들이 마라톤 같은 행사로 도로가 너무 자주 통제된다고 불평을 한다. 달리기 인구가 많아지면서 날씨가 좋을 때면 대부분의 도시가 거의 매주 주말에 행사를 벌이기 때문이다. 마라톤뿐 아니라 거리 퍼레이드, 페스티벌, 차 없는 날, 심지어는 유명인의 방문 등이 있을 때도 일시적으로 도로가 통제된다. 출퇴근하는 사람들은 이런 경우를 질색한다. 꼼짝달싹 못하고 교통 체증 속에 앉아 있는 것처럼 싫은 일도 없으니 말이다.

앞에서 거리의 네트워크가 주는 장점을 이야기했지만, 다양성의 장점을 하나만 더 이야기하자면 행사로 도로가 통제될 시간을 미리 알아두기 위해 애쓸 필요가 없다는 점이다. 행사가 열리면 오히려 더 좋다. 차량이 통제된 길을 걸어서 지나가면서 행사를 즐길 수 있기 때문이다. 행사는 걷는 사람에게 부정적인 영향을 미치지 않는다.

콜롬비아 보고타에서 시작된 '시클로비아Ciclovia'는 일부 거리에 차량을 통제한 뒤 사람들이 걷거나 자전거를 타고 지나다니거나 아니면 그저 서성이며 시간을 보낼 수 있게 하는 날이다. 교통량이 상대적으로 적은 일요일을 활용하는 경우가 많다. 시클로비아는 한두 해 전에 시작되어 전 세계로 퍼지고 있는데, 미국에서는 '거리개방운동open streets movement'이라는 이름으로 확산되고 있다.

나는 자전거를 타거나 걷는 생활에 너무 익숙해져 있어서 사람들이 공공 행사에 대해 불평하는 것을 들으면 안됐다는 생각이 든다. 앞만 보고 급히 내달리느라 잠시 멈춰 서서 사람들이 유쾌하게 모여 노는 것을 보고 들으며 즐길 시간을 내지 못하는 게 안타깝다. 그 순간을 즐기지 못하고 도시 저편에 있는 마트에 빨리 가지 못해 안달하다니. 휴가를 가서는 이렇게 사람들이 자생적으로 모여 즐기는 상황을 만나면 매우 반가워하면서 함께 즐기면서도 일상으로 돌아와서는 그것에 저주를 퍼붓는다. "빌어먹을 매 주마다 축제가 생길 판이야."라고 말하는 사람도 봤다. 나는 의아했다. 그게 그렇게 나쁜가?

매일의 날씨를 느끼고 싶다면 걸으면 된다

지금은 눈 오는 기후에 살지 않지만, 나는 눈이 그립다. 모두의 삶을 교란시킬 만큼 많은 눈이 하늘에서 펑펑 쏟아지는, 그 아름다운 날들이 무척이나 그립다. 눈 오는 날을 왜 그렇게 좋아하느냐고? 걸을 수 있는 곳에서는 눈 오는 날이 너무나 멋진 날이기 때문

걷기는 날씨에 영향을 받을까?

당신이 사는 곳이 걷기에 너무 춥거나 너무 덥거나 비가 너무 많이 오는가? 다시 생각해 보시길. 덴마크의 코펜하겐은 추운 겨울 날씨로 유명한 토론토와 기후가 비슷한데, 세계 어느 도시도 필적하지 못할 만한 도보 문화와 자전거 문화가 있다. 걷는 도시로 잘 알려진 파리와 런던은 비와 안개의 도시 시애틀과 기후가 비슷하다. 콜롬비아의 카르타헤나도 매우 인상적인 도보 문화를 가진 도시인데, 미국의 어느 도시보다 덥고 습하다.

이다. 밖에 나가 걸으면서 눈의 아름다움과 재미를 누릴 수 있다. 걸으면 눈이 와도 가게에 갈 수 있고, 도로 사정에 신경 쓰지 않아도 된다.

물론 아이들에게는 눈 오는 날이 그저 재밌기만 한 날이다. 공원 근처의 언덕에서 썰매를 탈 수도 있으니까.

눈 오는 날은 자동차에서 얼마나 많은 소음이 발생되는지를 깨달을 수 있는 날이기도 하다. 눈이 오면 도시 전체가 신기하게 조용해진다. 대도시에서도 그렇다. 평소에는 잘 안 들리던 소리가 잘 들리고, 반면에 익숙한 소리(교통, 트럭, 사이렌 등)는 거의 들리지 않는다.

추운 날씨는 그립지 않지만, 눈이 모든 것을 덮어 삶을 단순하게 해 주는 아름다운 날들은 그립다.

눈 오는 날을 왜 그렇게 좋아하느냐고?

걸을 수 있는 곳에서는 눈 오는 날이
너무나 멋진 날이기 때문이다.

밖에 나가 걸으면서 눈의 아름다움과
재미를 누릴 수 있다.

걸으면 눈이 와도 가게에 갈 수 있고,
도로 사정에 신경 쓰지 않아도 된다.

걸으면 만날 수 있는 익숙한 풍경 속 새로운 세상

크리스티나 폴리조이데스, 캘리포니아 주 LA

오래된 뉴웨이브 노래 가사 중에 이런 가사가 있다.

"LA에서는 아무도 걷지 않아."

LA에서 평생 살아온 내 경험으로 말하건대 천만의 말씀이다.

우리 식구는 LA에서 걸으면서 다양한 경험을 한다. 우선 LA 날씨가 사시사철 똑같다는 신화가 거짓임을 알게 된다. 남편과 나, 그리고 다섯 살짜리 아들의 걷기는 계절마다 달라진다. 가을에는 나뭇잎을 주워서 테이블을 장식한다. 겨울에는 장화를 신고 첨벙거린다. 봄에는 농민시장에 갔다가 느릿느릿 걸어서 집에 온다. 여름에는 저녁을 먹고서 산책을 한 뒤 샤워하거나 책을 읽거나 잠자리에 든다. 이 지역의 식물 군상은 놀랍도록 다양하고, 우리는 자연 극장이 보여 주는 향연을 즐긴다.

또 다른 경험은 LA의 사회경제적 다양성을 직접 보는 것이다.

걷다 보면 때때로 거리의 노숙자 옆을 지나게 된다. 대부분 정신이 온전하지 못한 상태다. 또 우리 집은 큰 병원 단지에서 한두 블록 떨어져 있어서 수술복 입은 사람들이 오가는 것을 자주 본다. 버스 정류장에서도 아이를 유모차에 태우고 걷는 사람, 장을 보고 집에 가는 사람 등 일상을 보내는 많은 사람들을 본다. 흑인, 라티노, 러시아계, 백인, 태평양 섬 출신, 아시아계, 그리고 이들의 혼혈 등 인종도 무척 다양하다. 우리 아들은 영어 이외의 언어로 쓰여 있는 간판이나 광고판들을 보면서 자신의 언어가 아닌 다른 언어도 있다는 것을 자연스럽게 알게 된다.

나는 우리 동네 같은 곳에서 자동차라는 거름망 없이 다양한 삶에 노출되는 것이 아이가 균형 잡힌 성인으로 커가는 데 매우 귀중한 요소라고 생각한다. 아이가 가게 될 학교에서도 비슷한 경험을 하게 될 것이다. 자연적이고 문화적인 모든 다양성 속에서 살아가면서 아이의 마음과 정신이 형성되어 간다. 부모인 우리의 마음과 정신도 마찬가지다. 여기에 사는 우리는 운이 좋다.

물론 모든 목적지가 필수적으로 가야 하는 곳은 아니다.

그저 놀러 가는 곳들도 많다.

내가 걸어서 다니는 즐거움의 장소 몇 군데를 소개한다.

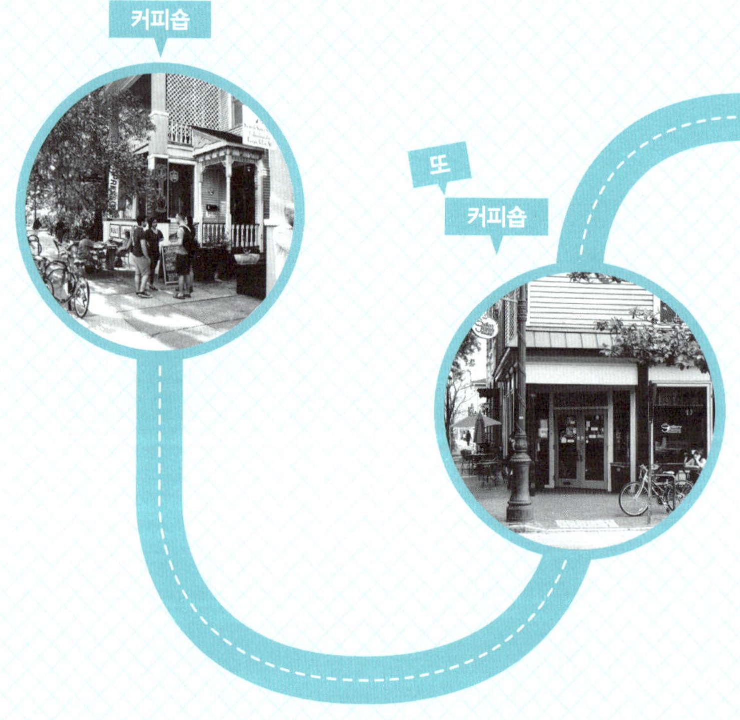

그렇다, 또 커피숍 ------- 극장 -------- 미술관

동네 최고의 햄버거 집 --- 맥주, 음식, 기타 등등 --

펍 ----- 아이스크림 가게 ·· 내 친구 스튜어트의 집 -
(내가 무척 좋아하는)

·· 내 친구 데이너의 집 현관 ------ 포시스 공원 --
(늘 흥미로운 일이 벌어지는 곳)

4장

삶을 바꾸는 걷기
재정

매일의 출퇴근을 재미있게 할 수 있는 최고의 방법

리 소벨, 워싱턴DC

플로리다 주 마이애미에 살았을 때는 1주일에 두세 번씩 차에 기름을 가득 채워야 했다. 그러다가 워싱턴DC로 직장을 옮기면서 메릴랜드 주 몽고메리 카운티로 이사를 했다. 그때 중요하게 고려한 조건 중 하나는 지하철역 근처여야 한다는 점이었다. 워싱턴DC는 지하철 시스템이 잘 되어 있어서 기왕이면 그것을 누려야겠다고 생각했던 것이다.

지하철은 매우 훌륭한 출퇴근 수단이다. 무언가를 읽고 쓰거나 아니면 그냥 휴식을 취할 수 있는 시간이 45분이나 생긴다. 왕복 지하철 요금에 지하철역 주차장을 이용하는 요금까지 합해도 시내까지 차를 몰고 가서 주차비를 내는 것보다 적게 든다. 주중에 차를 모는 것은 집에서 지하철역 주차장까지 왔다갔다하는 것이 전부였다.

지하철로 출퇴근하는 것에 익숙해지자 집에서 지하철역까지 버스를 타야겠다는 생각이 들었다. 노선은 세 개가 있었다. 버스를 타야겠다고 마음먹은 것은 특별한 이유가 있어서가 아니었다. 버스가 다니고 있었고, 지하철역 주차장 요금도 나가지 않아 돈도 절약되었다. 또한 버스를 탄다고 해서 시간이 더 걸리는 것도 아니었다. 나는 내 세금이 들어간 인프라를 적극적으로 사용하기로 했다. 마이애미에 살았을 때는 교외 거주자들이 다 그렇듯이 버스를 탄다는 걸 상상조차 하지 않았다. 하지만 버스를 타게 되면서 자가용은 주말에만 사용하게 되었다.

그러던 어느 봄날 예기치 않은 일을 하나 했다. 지하철역까지 자전거를 탄 것이다. 믿을 수 없을 만큼 신이 났다. 하지만 그것만으로는 충분치 않아 회사까지 자전거를 타기 시작했다. 처음에는 격일로 갈 때나 올 때만 자전거를 타다가 얼마 후부터는 날마다 자전거로 왕복을 했다. 자동차여, 지하철 요금이여, 10킬로그램의 몸무게여, 모두 안녕! 이제는 한 달에 한두 번 정도만 운전을 한다.

지난 2년간 내가 주로 출퇴근에 이용한 교통수단은 자전거였다. 지난해에는 워싱턴DC에 있는 자전거 공유 프로그램에도 가입했다. 낮 시간 동안에는 회의를 하러 가거나 점심을 먹으러 갈 때, 그 밖에 다른 볼일을 보러 갈 때 공유 자전거를 1순위 교통수단으로 삼는다. 물론 날씨와 일정, 가족 모임 등으로 사정이 생기면 지하철을 타기도 한다. 지하철역까지는 자전거로 가거나, 버스를 타거나, 차를 몰고 간다. 내게는 선택할 수 있는 교통수단이 여러 가지가 있다. 이러한 선택의 여지를 마이애미에 살 때는 가져 보지 못했다. 나는 돈을 절약하기 위해서나 환경을 위해서나 건강을 위해서 자전거를 타는 게 아니다(물론 이런 이익도 있긴 하다). 내가 자전거를 타는 이유는 쉽고 재밌기 때문이고, 쉽고 재밌는 이유는 자전거를 안전하게 탈 수 있는 인프라와 시설이 갖춰진 곳에 살기 때문이다.

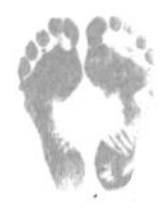

내가 빠르게 그리고 멀리까지 걸을 수 없게 되면,
그냥 폭발하거나 사라져 버려야 한다고 생각한다.

_ 찰스 디킨스Charles Dickens

▼ ▼ ▼

　개인적으로나 사회적으로나 우리는 18퍼센트의 노예다. 부자 대 가난한 사람의 이야기가 아니라 가계부에 대한 이야기다. 그중에서도 돌아다니는 데 들어가는 지출에 대한 이야기다.

　미국 노동부 통계에 따르면, 평균적인 미국 가정은 세후 소득의 무려 18퍼센트를 교통비로 쓴다. 주거비에 이어 두 번째이고, 식료품비(12퍼센트), 보건의료비(6퍼센트)보다 많다. 1분만 생각해 보자. 건강보다 교통에 쓰는 돈이 세 배나 많다.

　건강보험 문제를 놓고 전국적으로 격렬하게 벌어졌던 그 많은 정치적 논쟁들을 보면서 의료비가 미국인의 가계 지출에서 이렇게 적은 비중을 차지할 줄 누가 생각이나 했겠는가. 또 교통비에 들어가는 막대한 지출에 비해 방송은 얼마나 많은 시간을 교통 문제에 할애하고 있는가. 대선 토론에서 교통 문제가 논의되는 것을 볼 날이 있을까?

걸으면 생각보다 많은 돈을 절약할 수 있다

대체 미국인은 교통비에 왜 이렇게 많은 돈을 쓰고 있는 것일까?

간단히 말하면 자동차에 너무 많이 의존하고 있기 때문이다. 그래서 도시 디자이너와 도시계획가들은 미국의 교외 주거지나 도시를 말할 때 '자동차 의존적'이라는 표현을 쓰곤 한다. 너무나 많은 곳이 차를 몰지 않고는 일상생활을 영위하기가 어렵게 되어 있다.

교통비 문제를 생각해 보기 위해 미국자동차협회(AAA)가 가장 최근에 추산한 자동차 소유 비용을 살펴보자. AAA는 1년에 1만 5,000마일(약 2만 4,000킬로미터)을 주행할 경우, 중형 자동차 1대를 소유하는 데 연간 9,519달러(약 1,142만 원)가 든다고 밝혔다. 여기에는 자동차 할부금과 세금, 보험료, 연료비, 유지보수비 등 자동차 소유와 관련된 모든 비용이 포함되어 있다. 더 큰 차를 몰거나 더 많은 거리를 달리면 비용은 이것보다 많아진다.

미국의 평균적인 가정은 돈을 어디에 지출하고 있을까? 노동부가 실시한 설문조사를 보면, 미국의 평균적인 가정이 연간 예산을 어떻게 지출하는지 알 수 있다.

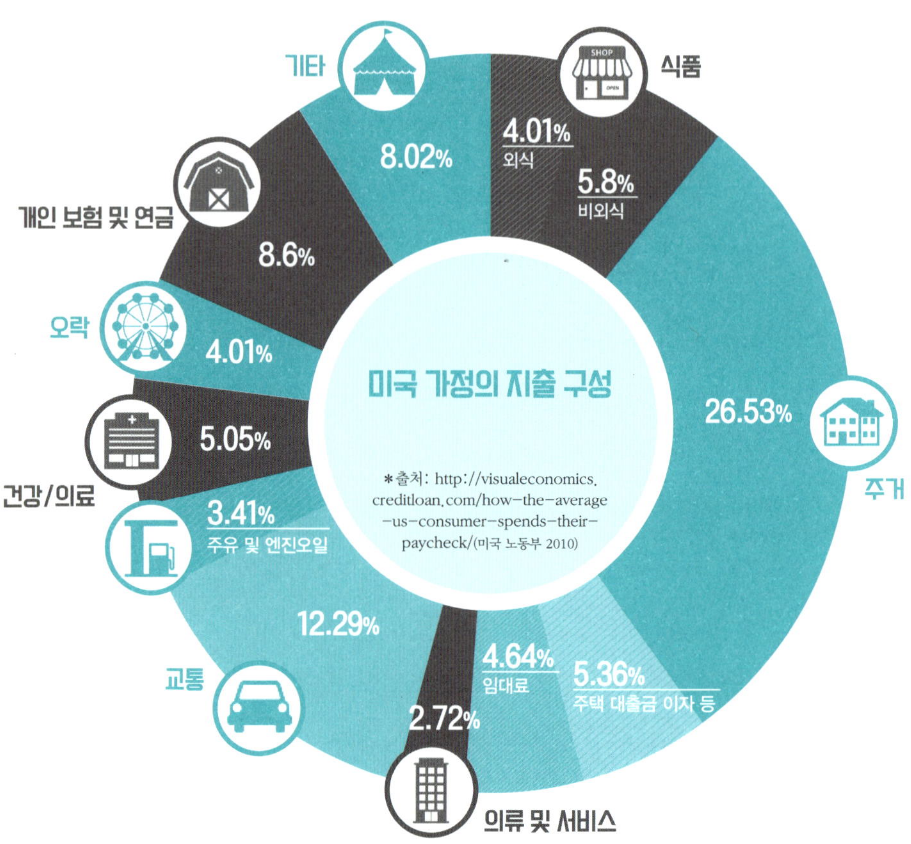

가계 특성

가장의 나이	평균 49.4세
주택 소유 가구 비중	66퍼센트
가족 구성원 수	평균 2.5명
소득이 있는 가족 구성원 수	평균 1.3명
자동차 수	평균 1.9대
세전 소득	평균 6만 2,481달러 (약 7,498만 원)
연간 지출	평균 4만 8,109달러 (약 5,773만 원)

여기에서 제시된 교통비 수치는 평균치다. 최근 연구들에 따르면, 많은 곳에서 교외 거주민들이 들이는 실제 교통비 지출은 이보다 많으며 세후 소득의 30~40퍼센트에 달하기도 한다.

*출처: "H+T Affordability Index," Center for Neighborhood Technology, www.cnt.org

이와 달리 걷는 데 드는 비용은 신발 한 켤레다. 자전거를 타는 데 드는 비용은 1년에 100~200달러(12~24만 원) 정도다. 대중교통을 이용하는 데는 몇 백 달러가 들지만(도시에 따라 다르다), 자동차를 소유하는 비용에 비하면 훨씬 액수가 적다.

각자 자신의 자동차 유지 비용을 계산해 보기 바란다. 나는 차를 산 지 7년이 돼서 현재는 할부금을 내지 않는다. 지난 2년간을 평균 내어 보면 1년에 1만 마일(약 1만 6,000킬로미터)을 달렸고, 월 평균 지출은 다음과 같다.

보험	100달러(약 12만 원)	세금 등	13달러(약 1만 5,000원)
주유	167달러(약 20만 원)	유지보수	40달러(약 4만 8,000원)
계: 월 320달러(약 38만 원) / 연 3,840달러(약 460만 원)			

내가 자동차에 들이는 비용은 미국인 평균치의 40퍼센트 정도다. 그리고 지난 1년간은 장거리를 다닐 일이 거의 없어서 주유비가 많이 줄었다. 생활 방식을 바꾸기로 결심했더니 평균적인 미국인보다 연간 5,000~6,000달러(600~720만 원)를 아낄 수 있게 된 것이다. 대단히 인색하게 군 것도 아닌데도 그렇다.

계산을 하나 더 해보자. 차를 바꿔야 해서 새 자동차의 할부금을 내야 한다고 치자. 그러면 지출은 어떻게 될까?

자동차 할부금	350달러(평균적인 신차, 5년 할부, 약 42만 원)
보험	150달러(새 차여서 비쌈, 약 18만 원)
주유	100달러(연비 약간 개선. 1년 주행 거리는 8,000마일(약 1만 2,800킬로미터)로 가정, 약 12만 원)
세금	20달러(새 차여서 비쌈, 약 2만 4,000원)
유지보수	10달러(아주 기본적인 것만, 약 1만 2,000원)
계: 월 630달러(약 75만 6,000원) / 연 7,560달러(약 907만 2,000원)	

새 차의 할부금을 포함해도 AAA가 추산한 평균치에 비해 2,000달러(약 240만 원)가 덜 든다. 자동차 사용을 줄이면 즉각적으로 주유비와 유지보수비가 절약된다. 연료를 덜 쓰고 차가 덜 닳게 되니 당연한 일이다.

나는 모든 사람이 갑자기 차를 버리고 걸어 다닐 거라는 환상을 갖고 있지 않다. 말했듯이, 오늘날 미국의 도시와 교외 주거지들은 그러기에 적합하지 않다. 출퇴근을 하려면 차를 모는 수밖에 없고, 출퇴근 거리가 아주 먼 사람들도 많다. 하지만 자동차 사용을 조금이라도 줄이고 그 대신 걷거나 자전거를 타거나 대중교통을 이용하는 것을 조금 늘려 보면 어떨까? 소유하고 있는 자동차를 갑자기 없애기는 어렵겠지만, 조금이라도 변화를 주면 연간 4,000~5,000달러(약 480~600만 원)는 꽤 쉽게 아낄 수 있을 것이다. 자, 4,000달러(약 480만 원)가 추가로 생긴다면 무엇을 하겠

자동차 사용을 조금이라도 줄이고 그 대신 걷거나 자전거를 타거나
대중교통을 이용하는 것을 조금 늘려 보면 어떨까?

소유하고 있는 자동차를 갑자기 없애기는 어렵겠지만,
조금이라도 변화를 주면 연간 4,000~5,000달러(약 480~600만 원)는
꽤 쉽게 아낄 수 있을 것이다.

이 책에서는 대체로 버스를 말한다. 지하철, 경전철, 고가전철 등이 잘 되어 있는 도시도 있지만 미국 대부분의 지역에서는 대중교통이 버스뿐이다.

는가?

차가 여러 대 있는 가정은 한 대를 없애 보면 어떨까? 그러면 연간 1만 달러(1,200만 원)가량을 아낄 수 있다. 그러면 이 돈으로 저축액을 늘릴 수도 있고, 정말 가고 싶은 휴가를 갈 수도 있다(2장의 뒷부분에서 다시 이야기할 것이다).

내가 말하고자 하는 핵심은 걸으면 돈을 아주 많이 아낄 수 있다는 것이다. 이는 내가 걷기를 좋아하는 이유 중 꽤 큰 부분을 차지한다.

길어진 차의 수명 덕분에 돈을 아낄 수 있다

명백한 이야기다. 안 그런가? 1년에 1만 5,000마일(2만 4,000킬로미터)이 아니라 5,000마일(약 8,000킬로미터)을 달린다면 자동차 수명이 길어져서 장기적으로 돈을 더 절약할 수 있다. 그래서 나는 걷기의 재정적 효과를 다음과 같이 표현하곤 한다.

큰 절약	주유비와 유지보수비
정말 큰 절약	자동차 수명이 길어져서, 할부금을 내지 않는 상태로 자동차를 소유하는 기간을 늘릴 수 있음

앞에서 미국인이 평균적으로 자동차를 유지하는 데 드는 비용과 나의 경우를 비교해 보았다. 자동차 소유 비용에는 할부금과 유지보수비가 포함되어 있다. 따라서 이 두 가지가 없으면 AAA 추산치인 연간 9,159달러(약 1,142만 원)보다 비용이 줄게 될 것이다. 그렇다면 차를 덜 사용하고 걷거나 자전거를 타면 이 두 가지가 어떻게 줄어들게 될까?

AAA는 평균적으로 1년에 차를 1만 5,000마일(2만 4,000킬로미터) 탄다고 가정했다. 할부 기간 5년 동안 이 자동차는 7만 5,000마일(약 12만킬로미터)을 달리게 된다(이는 0마일에서 시작했을 경우이고, 대부분은 중고차를 구매하므로 7만 5,000마일을 넘게 될 것이다). 이 정도 거리를 달리고 나면 유지보수에 들어가는 비용이 급격히 높아진다(그래서 품질보증 기간이 그 전에 끝나는 것이다). 점차로 타이어, 브

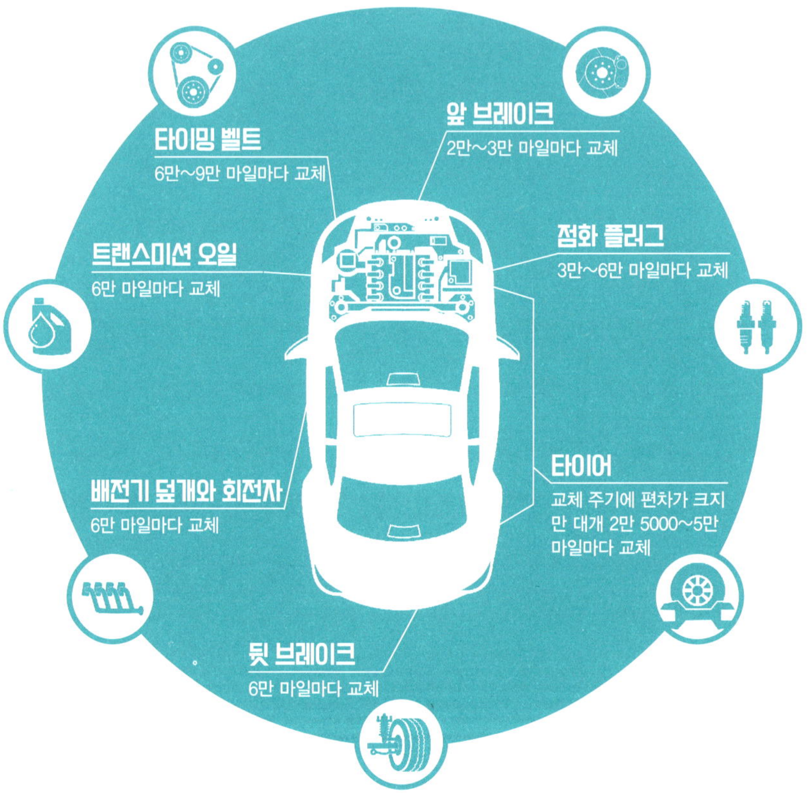

＊출처: http: www.autorepairadvisors.com/a_list_of_normal_maintenance_ite.shtml
이 사이트 말고도 자동차 소유자를 위한 매뉴얼이나 유지보수에 대한 조언을 제공하는 사이트가 많이 있다.

레이크, 벨트, 쇼바, 헤드 개스킷 등 자동차의 모든 부품을 갈아야 할 때가 오는데, 차를 많이 쓸수록 교체 시기가 빨리 온다.

하지만 1년에 1만 5,000마일이 아니라 5,000마일만 달리면 어떨까? 5년의 할부 기간이 끝났을 때 자동차가 달린 거리는 2만 5,000마일(약 4만킬로미터)이 될 것이다. 1만 마일을 달린 중고차를 산 것이었더라도 5년 뒤 주행거리는 3만 5,000마일(약 5만 6,000킬로미터)에 불과하다. 주행한 거리가 짧으면 유지보수비가 급격히 올라가기 시작하는 시점까지 시간이 아직 많이 남았다는 의미가 된다. 또한 차를 바꿔야 할 시점까지도 시간이 많이 남은 것이다.

1년에 1만 5,000마일을 달리면서도 관리를 잘 해서 할부금 완납 후에도 5년이 넘게 그 차를 타는 사람도 물론 있을 것이다. 하지만 1년에 5,000마일을 모는 사람은 할부금이 끝난 뒤에도 10년이나 15년을 더 탈 수 있다. '정말 큰 절약'이 여기에서 나온다. 운전을 줄이면 할부금이 나가지 않는 상태로 차를 오래 소유할 수 있는 것이다.

이런 숫자들을 보면서, 나는 자동차 운행 거리를 줄일 때 누릴 수 있는 몇 가지 중요한 이익을 알게 됐다. 첫째, 월 지출이 줄어든다. 둘째, 그 돈에서 일부를 모아 다음에 차를 바꿀 때 충당할 수 있다. 매월 50달러(6만 원)라고 치자. 할부금을 완납하고 1, 2년 만에 차를 바꿔야 한다면, 모아봤자 큰돈이 안 될지도 모른다. 하지만 할부금을 완납한 후 5년이나 7년을 더 타고서 차를 바꾼다면, 3,000~6,000달러(약 360~720만 원)를 모을 수 있다. 그리고 차를

연간 주행 거리 5,000마일이 정말 가능할까?

1년에 5,000마일(약 8,000킬로미터)이면 한 달에 400마일(약 640킬로미터), 1주일에 100마일(약 160킬로미터)이다. 내 경우에는 연간 주행 거리를 5,000마일로 줄이는 것이 매우 쉬웠다. 5,000마일도 안 되는 해도 있었다. 나는 장을 보러 갈 때나 가끔씩 해변이나 영화관에 갈 때만 차를 몬다. 이런 경우를 합하면 1주일에 50마일(약 80킬로미터) 정도다. 걸어서 돌아다닐 수 있는 도시에 살고, 업무나 볼일을 보러 다닐 때도 걷거나 자전거를 타거나 버스를 이용하기 때문에 일상생활을 할 때는 차가 별로 필요하지 않다. 연간 주행 거리의 상당 부분을 차지하는 것은 장거리 여행인데, 이것을 감안해도 앞으로도 연간 5,000마일을 넘을 것 같지는 않다.

구입할 때 목돈을 초기에 지급하면 이후 다달이 내는 돈이 크게 줄어든다. 경제학자들이 '선순환'이라고 부르는 현상이 발생하는 것이다. 차를 덜 몰고 더 많이 걸으면, 시간이 지남에 따라 이익이 점점 커진다.

유가에 신경 쓰지 않아도 된다

우리의 얼굴에는 늘 유가가 드리워져 있다. 우리가 구매하는 것 중에 이렇게 끊임없이 자신을 상기시키는 품목도 없을 것이다. 주유소마다 누구든 볼 수 있도록 큰 글자로 가격이 나붙어 있으니 말이다. 우리는 유가에 강박 증세를 보인다.

유가는 뉴스, 정치, 전 국민의 기분까지 지배한다. 2008년처럼 유가가 급등하면 우리는 패닉 상태에 빠진다. 그러다 유가가 급락하면 신이 나서 다시 자동차 여행을 생각한다. 유가의 불안정성과 불확실성 때문에 많은 이들의 기분과 지갑이 롤러코스터처럼 오르락내리락한다.

하지만 나는 유가의 등락에 별로 신경 쓰지 않는다. 자가용을 잘 이용하지 않아 주유도 자주 하지 않기 때문에 그만큼 유가에 둔감하다.

1년에 1만 5,000마일을 달리는 보통의 운전자라면 이야기가 다를 것이다. 매주 주유소에 가야 할 것이고, 차종이나 연비에 따라 다르겠지만 1주일에 두세 번씩 주유하는 경우도 있을 것이다. 이렇게 자주 기름을 넣어야 하면 유가 변동에 당연히 민감해진다. 갤런(약 3.8리터)당 50센트(약 600원)만 올라도 1년이면 수백 달러가 더 들기 때문이다. 하지만 걷거나 자전거를 타는 사람에게는 유가 급등이 가계부에 직접적인 영향을 별로 미치지 않는다(물론 많은 재화와 서비스가 트럭 운송에 의존하므로 간접적으로는 모두에게 영향을 미친다).

우리가 모든 비용을 통제할 수는 없지만, 생활 방식과 교통수단을 선택하는 것만큼은 통제할 수 있다. 1년에 5,000마일이라는 목표를 지킨다면 갤런당 유가가 50센트, 아니 1달러가 오른다 해도 내게 미치는 영향은 1년에 100달러(약 12만 원) 정도다. 1주일에 2달러(약 2,400원), 커피 한 잔 값이다. 크게 신경 쓰지 않을 수 있는 금액이며, 내 자동차가 연비가 더 좋은 모델이라면 영향은 더 줄어들 것이다.

모두가 유가에 그렇게 강박적으로 관심을 갖지 않게 된다면, 문화와 정치도 크게 달라질 것이다. 그리고 우리는 매우 다른 종류의 대화를 하게 될 것이다.

이제 당신의 선택이다. 유가에 스트레스를 받으며 살고 싶은가, 아니면 나처럼 걷기를 선택해 인생을 더 즐기고 싶은가.

교통에 돈을 덜 쓰면 금전적인 자유가 많아진다

"돈도 절약하고 인생도 즐기세요!"

아니 아니, 광고 카피가 아니다.

교통비가 반으로 줄어든다면 다른 데 쓸 수 있는 구매력이 얼마나 많이 늘겠는가? (반으로 줄여도 여전히 의료비보다 많기는 하다.) 지난 몇 년간 내 지출과 생활 방식을 살펴보니 걷기가 가져다준 기회가 매우 많다는 사실을 알 수 있었다. 걸으면 재정적으로 세 가지 이익이 있다.

1. 위급할 때를 대비해 돈을 저축해 둘 수 있다.
2. 월급이 줄어도 전과 비슷한 생활수준을 유지할 수 있다.
3. 더 많은 여행, 더 많은 여가, 더 좋은 집 등 내가 원하는 것에 돈을 더 많이 쓸 수 있다.

위급할 때를 대비해 저축하는 것은 중요하다. 하지만 얼마나 자주 실천하고 있는가? 미래를 위해 충분한 돈을 모으고 있는가? 사실 몇 달러를 아끼는 것은 어떻게든 가능하고, 조금이나마 저축을 하는 것은 좋은 일이다. 몇 백 달러가 됐든, 몇 천 달러가 됐든, 화폐의 시간 가치를 고려하면 조금이라도 저축을 함으로써 예기치 못한 상황에 대비할 수 있고 삶의 안정성을 높일 수 있다.

하지만 재정 문제를 다른 관점에서도 생각해 볼 수 있다. 이를테면 교통비처럼 규모가 큰 지출을 줄이면 더 적은 월급으로도 현재와 동일한 생활수준을 어렵지 않게 누릴 수 있다. 이는 내게 매우 잘 맞는 접근법이었다. 가계 지출을 줄이는 것은 스트레스를 줄이고, 여가 시간을 늘리며, 상대적으로 소득을 높이는 효과가 있다.

다운사이징downsizing이라고 하면, 대개는 더 적은 물건들을 가지고 단순한 생활을 함으로써 지출을 줄이는 생활을 떠올린다. 하지만 교통수단을 바꾸는 것만으로도 다운사이징과 똑같은 목적을 꽤 많이 달성할 수 있다. 상대적으로 지출이 줄어드니 돈을 더 벌어야 한다는 강박에서 벗어날 수 있고, 따라서 직장 스트레스도 덜 받게 된다. 아울러 교통 체증 속에서 보내는 시간이 줄어드는 대신 그 시간을 여가와 친교를 위한 시간으로 돌릴 수가 있다(나중에 다시 다룰 것이다). 돈에 대해 생각할 때 흔히 우리는 '삶의 질을 높이기 위해 그 돈으로 얼마나 많은 물건을 살 수 있는지'를 생각한다. 하지만 반면에 돈을 덜 써도 되도록 몇 가지 선택을 내림으로써 추가적으로 할 수 있게 되는 것들을 생각해 볼 수도 있다.

'지출을 줄이는 것'이 그리 마음에 들지 않는다면, 4,000달러(약 480만 원)나 5,000달러(약 600만 원)가 추가로 생겼을 때 무엇을 할 수 있을지 생각해 보는 것은 어떨까? 해외여행이 가고 싶은가? 외식을 더 자주 하고 싶은가? 더 큰 집으로 이사 가거나 더 좋은 가구를 들이고 싶은가? 신용카드 빚을 갚고 좋은 구두를 사고 싶은가? 과다한 지출이 상시적으로 발생하는 영역 하나를 줄이면, 이러한 일들을 할 수 있다.

걸으면 이런 것들이 가능해진다. A지점에서 B지점으로 이동하는 데 돈을 쓰는 것이 아니라 내가 정말로 원하는 데 돈을 쓸 수 있는 것이다.

절약한 돈은 어디에 사용할 수 있을까?

여기 몇 가지 아이디어와 1인당 비용 추산치가 있다.

- 1주일 파리 여행: 3,000달러(약 360만 원)
- 멕시코 주말 여행: 1,500달러(약 180만 원)
- 1년 동안 좋은 레스토랑에서 1주일에 한 번씩 외식: 2,000달러(약 240만 원)
- 5만 달러(약 6,000만 원)가 더 비싼 집으로 이사 갈 경우 주택 대출금 비용: 3,600달러(약 430만 원)
- 대형 스크린 TV와 입체 사운드 스피커와 새 거실 가구: 3,500달러(약 420만 원)

다운사이징downsizing이라고 하면,
대개는 더 적은 물건들을 가지고 단순한 생활을 함으로써
지출을 줄이는 생활을 떠올린다.

하지만 교통수단을 바꾸는 것만으로도 다운사이징과
똑같은 목적을 꽤 많이 달성할 수 있다.

지출이 줄어드니 돈을 더 벌어야 한다는
강박에서 벗어날 수 있고, 따라서 직장 스트레스도 덜 받게 된다.

아울러 교통 체증 속에서 보내는 시간이 줄어드는 대신
그 시간을 여가와 친교를 위한 시간으로 돌릴 수가 있다.

걸으면 직업 생활에도 도움이 된다

지금부터는 직접적이기보다는 간접적인 재정 문제를 이야기해보려고 한다. 주유를 할 때 지갑이 영향을 받는 것처럼 직접적인 방식으로는 아니어도 간접적인 요인들 또한 개인의 경제생활에 영향을 미친다. 도보가능한 지역에서 살기로 했을 때 간접적으로 얻을 수 있는 재정적 이득을 살펴보자.

첫째, 걸어서 돌아다니면 직업 활동에 도움이 된다.

어째서냐고 묻고 싶을 것이다.

생각해 보면 답은 간단하다. 자주 걸으면 사람들과 직접 만나는 일이 많아진다. 나는 길가나 가게에서 사람들을 자주 마주친다. 운전을 할 때는 사람들을 내가 가는 길에 방해가 되는 존재로만 여기게 되지만, 걷다가 사람들을 만날 때 이뤄지는 상호작용은 그와 매우 다르다.

그런데 이런 상호작용이 어떻게 직업에 도움이 된다는 말인가?

나는 '무엇을 아는가가 아니라 누구를 아는가가 관건'이라는 말을 믿는다. 사람들과 접촉할 수 있는 범위를 확장할수록 더 많은 사람을 알게 된다. 사람들을 더 반복적으로 마주칠수록 더 잘 알게 되고 관계도 더 돈독해진다. 이런 상호작용은 궁극적으로 인맥과 아이디어, 기회로 이어진다. 네트워크를 만드는 것이라고도 볼 수 있는데, 네트워크는 누구에게든 개인적, 사업적 성공에 중요한 자산이다.

도보가능한 곳에 살면, 아니 어디에 살든 더 자주 걷기만 해도, 사람들을 마주칠 기회와 실제로 마주치는 경우가 훨씬 많아진다. 반면에 운전을 할 때는 외부와 고립돼 사람들로부터 차단된다. 휴대전화와 같은 테크놀로지가 있다 해도 마찬가지다. 별것 아니라고 치부할 수도 있지만, 하루에 한 시간만 운전을 덜하고 걷는다고 치면 1년이면 15일이 된다. 사람들을 만나 대화를 나누면서 잠재적으로 직업에 도움을 얻을 수 있는 시간을 15일 더 갖게 되는 것이다.

리처드 플로리다Richard Florida는 저서 『창조적 변화를 주도하는 사람들The Rise of the Creative Class』에서 창조적인 업계에 종사하는 사람들은 걸어 다닐 수 있고 다양성이 높은 지역에 군집을 이루며 사는 경향이 있다고 설명했다. 그는 경제 발전을 원한다면 도시들이 그런 여건을 마련해야 한다고 주장했다.

창조적인 업계에 종사하는 사람들이 걸어 다닐 수 있는 지역을 선호하는 이유는 앞에서 말한 우연한 만남의 가능성 때문이다. 이런 곳에서는 동일한 직군이나 다른 직군에 있는 사람들과 상호작용할 수 있는 기회가 많고, 따라서 아이디어나 개발에 불이 당겨질 가능성도 많다.

걷기의 직업적 이득은 창조적인 업계에만 국한되지 않는다. 당신이 가령 서비스 업종에 종사한다고 해도 이와 크게 다르지 않다. 걸으면서 사람들을 더 많이 만나게 되면, 당신은 물론 당신의 사업을 마케팅할 기회가 더 많이 생기는 것이다. 이렇게 사업적 관점에서 생각해 본 적이 없더라도, 분명히 이것은 상호작용의 한 측면이다. 나는 길에서 동네 식당이나 바의 직원을 우연히 만나 아래와 같은 대화를 나누게 되는 일이 많다.

바 직원   아, 잘 지내세요?

나   네, 잘 지내요. 고마워요. 요즘 바쁘시죠?

바 직원   네, 실은 내일 밤에 일을 해요.
밴드가 와서 라이브 공연을 하는데 보러 오세요!

나   꼭 가서 봐야겠군요.

바 직원   우와, 좋아요! 내일 뵐게요!

걸을 때 흔히 할 수 있는 이런 우호적인 대화는 운전을 할 때는 이뤄지지 않는다. 다음 날 밤에 내가 바에 가면 직원은 약간의 소득을 더 올릴 수 있고 바 주인에게도 이득이 될 것이다.

논리적으로 생각해 보더라도 활발한 상호작용은 더 많고 더 좋은 인맥을 만들어 주고, 더 많고 더 좋은 인맥은 더 많은 기회를 가

저다주며, 더 많은 기회는 더 나은 직업 전망으로 이끌어 준다. 그렇다. 더 많이 걸으면 나의 일과 소득에 도움이 되고, 당신의 일과 소득에도 마찬가지로 작용할 것이다.

도보가능한 지역의 집을 사는 것이 현명한 투자다

한두 해 전에 〈엔론: 세상에서 제일 잘난 놈들Enron: The Smartest Guys in the Room〉이라는 영화를 본 적이 있다. 악명 높은 에너지 기업 엔론의 흥망을 다룬 영화로, 기업의 나라 미국의 부패와 비리에 대한 흥미로운 이야기이기도 했지만, 엔론 직원 수천 명에게는 너무나 슬픈 이야기이기도 했다. 그들이 일자리를 잃어서만은 아니었다(물론 그것도 비극이다). 그보다는, 너무나 많은 사람들이 은퇴자금 전체를 엔론 주식에 쏟았다가 회사가 망하자 모조리 잃게 됐다는 부분이 가슴 아팠다.

이 이야기는 투자자문가들이 늘 하는 말을 떠올리게 한다.

"포트폴리오를 다각화하세요."

분산된 포트폴리오를 갖고 있으면 대박을 칠 가능성은 줄겠지만 한두 영역이 파산하더라도 전체적으로 큰 손실은 막을 수 있다.

농업 분야에서도 비슷한 문제가 발생한다. 어떤 작물의 수익성이 높아지면 농민들은 그 작물에 '올인'을 한다. 하지만 그러면 그 작물이 해충, 질병, 악천후 등에 취약해지고, 그런 일이 벌어질 때 1년치 소득 전체를 날릴 수 있다. 토지 사용이 분산되어 있지 않기 때문이다. 1930년대의 '더스트 보울Dust Bowl(미 중부 평원에 7년이나 이어진 황진 피해)'도 단일경작 접근법 때문에 발생했으며, 이런 문제는 아직도 농업 분야에서 계속 일어나고 있다.

주식 투자에서든 농업에서든 다각화를 하지 않는 것은 본질적으로 동일한 전술을 고집하는 것과 같다. 위험이 높더라도 단기적으로 고수익을 노리는 것이다. 성공하는 경우도 있지만 대부분 실패하며, 그것도 대대적으로 실패한다.

마찬가지로, 부동산 투자에서도 다각화되지 않은 곳을 택하는 것은 위험하다. 똑같이 생긴 집들만 들어서 있는 주거 지역이 너무나 많아서 우리는 그런 상태가 위험하다는 것을 체감하기는커녕 그런 집을 사는 것이 현명한 투자라고까지 생각하게 되었다. 근처의 집들과 비슷한 집을 사는 게 좋다는 것이 오랫동안 부동산 투자에서 전해 온 통념이었다. 너무 더 좋지도 않고 너무 더 싸지도 않은 집을 사는 것이 가장 위험이 적은 전략이라고 여겼던 것이다. 이는 특히 집을 팔아야 할 때 위험이 적을 것이라고 이야기들을 했다.

하지만 주거의 다양성이 부족한 동네는 단일경작 농지처럼 상황

똑같은 것이 너무 많은 것은 안 좋은 것이다.

의 변화에 매우 취약하다. 주택은 한 가정의 지출로 보면 어마어마한 투자이지만, 그렇더라도 여전히 상품이며 변덕스런 시장에 영향을 받는다. 소비하는 인간으로서 우리가 어떤 집과 어떤 위치를 선호하는지는 계속 변한다. 어느 해에는 안방이 아래층에 있고 별도의 출입문이 달린 지하실이 있는 단층집을 좋아했다가, 한두 해 뒤에는 침실이 2층에 있는 전통적인 2층집이 유행한다. 학군이 좋은가, 직장과 가까운가, 장을 보기 편리한가, 건물이 잘 지어졌는가 등도 영향을 미친다. 중요한 것은 모든 집이 비슷비슷한 동네는 내재적으로 취약하다는 사실이다. 이런 곳에 투자를 할 경우에는 빨리 들어갔다가 빨리 빠져나오는 것이 상책이다.

하지만 장기적으로는 도보가능성이 높은 동네의 집을 사는 것이 훨씬 더 현명한 투자다. 도보가능성이 높은 동네는 속성상 다양성이 큰 동네이기 때문이다. 걸을 수 있는 동네에는 다양한 형태의 주택과 아파트가 있고, 기업과 교회, 공공건물 등도 가까이에 있다. 이렇게 여러 가지가 혼합되어 있으면 흥미롭게 걸어 다닐 수 있는 장소가 된다는 장점도 있지만, 갑작스런 가격 폭락을 막아 준다는 부수적인 효과도 있다. 다양한 고객군에게 매력이 있기 때문이다.

이와 달리, 똑같은 집들이 모여 있는 동네는 그곳에 있는 특정한 유형의 집이 인기가 있느냐 없느냐에 따라 전체 거리의 가치가 한두 해만에 좋았다가 나빠진다. 제2차 세계대전 직후 여기저기 들어섰던 과자상자같이 좁은 집들을 생각해 보라. 미국의 모든 도시에는 전체가 이런 집들로만 채워진 동네가 적어도 하나씩은 있다. 전쟁에서 돌아온 세대의 주택으로서는 괜찮았지만, 1, 20년 사이에 너무 작고 유행에 뒤떨어진 집으로 여겨지게 됐다, 그러자 동네 전체의 가치가 떨어졌고 교외 거주지 재개발에 대한 요구가 나오기 시작했다. 이후로도 그런 곳들 상당수가 쇠락의 길을 걸었다.

도보가능한 동네에서는 특정한 형태의 주택이 유행에 뒤지거나 특정한 건물이 수리가 안 되어 있어도 동네 전체의 집값에 영향을 주지는 않는다. 내가 처음 소유했던 집이 있었던 동네는 일반적으로 집들이 다 좋았지만, 늘 한두 채는 상태가 별로였다. 하지만 그 동네에 있는 다른 집들의 규모나 형태가 굉장히 다양해서 예외적인 한두 채 때문에 전체적으로 영향을 받지는 않았다.

인생에 장담할 수 있는 것은 없다지만, 도보가능하고 다양성이 큰 지역의 부동산을 택하는 것이 균형 있는 투자의 핵심임에는 분명하다. 가치가 급락하는 것을 막아 주기 때문이다. 이러한 다각화가 얼마나 중요하냐고? 엔론에서 일했던 사람에게 물어 보라.

워크 스코어와 주택 가치

'워크 스코어'라는 멋진 웹사이트가 있다. walkscore.com에서 주소를 넣으면 그곳이 얼마나 도보가능성이 높은지를 점수로 알려 준다. 더 흥미로운 것은 '도시를 위한 CEO'라는 단체가 진행한 연구 결과인데, 워크 스코어가 높은 곳이 주택 가치도 높았다. 아래의 웹사이트를 참고하라.

http://blog.walkscore.com/wp-content/uploads/2009/08/WalkingTheWalk_

CEOsforCities.pdf.

나는 거리와 공공장소의 유지보수를 위해 주택소유자협회에 돈을 낼 필요가 없다

인정한다. 우리 동네가 주택소유자협회가 일반화되기 한참 전에 생긴 오래된 동네이기 때문인 면도 분명히 있다. 그렇더라도 이것은 내게 큰 이득이다.

소수의 극성스러운 이웃이 거주자들에게 다달이 돈을 걷어서, 사용처에 대해 논쟁을 벌이면서, 쓰레기 수거를 별도의 회사에 맡기는 동네를 더 좋아하는 사람들도 분명히 있다. 하지만 나는 아니다. 나는 그런 일이 성가시며 그런 일은 시 당국이 해야 하는 일이라고 생각한다.

도시 당국을 상대할 때 속 터지는 일이 얼마나 많은지는 나도 잘 알고 있다. 직업상으로도, 시민 활동을 하면서도, 나는 미국 각지의 시청에서 여러 부서를 상대해 보았다. 좋은 경험을 한 적도 많았지만 그렇지 못한 경우도 많았다. 하지만 도시 당국과 함께 일하기 위해 노력하는 것이 동네 정치의 신경 쓰이는 싸움과 알력보다 그렇게 더 나쁜가?

내 설명을 조금만 더 들어주시길. 대체 우리는 왜 주택소유자협회라는 것을 가져야 하는가?

주택소유자협회의 기원과 일반화된 요인은 여러 가지가 있겠지만, 도시 당국이 기본적인 서비스를 제대로 수행하지 않아서 주택소유자협회가 그 역할을 대신했다는 것이 일반적인 설명이다. 많은 고급 주거지에서 주민들이 자기 돈을 조금 더 쓰더라도 쓰레기가 제때 치워지고 공원이 깨끗하게 관리되며 길가 잔디가 잘 다듬어져 있기를 원한 것이다.

하지만 시간이 가면서 도시 당국들은 기본적인 서비스들을 더 잘 제공하게 됐고 주민들이 필요로 하는 것들도 더 잘 충족시키게 됐다. 게다가 그런 서비스들에 우리는 이미 세금을 냈으므로 나는 여기에 돈을 이중으로 내고 싶지 않다.

그런데 이것이 걷는 것과는 무슨 상관인가?

도보가능성이 높은 곳은 속성상 더 촘촘하고 조밀하다. 목적지들이 촘촘하게 붙어 있어야 걷는 게 가능해지기 때문이다. 이렇게

주택소유자협회는 19세기 말과 20세기 초에 생겨났지만 널리 퍼진 것은 1960년대가 되어서였다. '공동체 협회 연구소Community Associations Institute'가 2010년에 추산한 바에 따르면 오늘날 미국인 5명 중 1명꼴로 주택소유자협회에 가입되어 있다.

촘촘한 곳에는 자동차를 염두에 두고 지어진 곳에 비해 단위 면적당 더 많은 사람이 산다. 이는 도시 서비스 제공에 막대한 이점을 준다. 동네가 조밀하면 시 당국은 서비스를 더 효율적으로 제공할 수 있고 다른 것들에 신경을 쓸 수 있는 여지도 많아진다.

캔자스시티에 살 때 시청의 공공사업부장과 흥미로운 서신을 주고받은 적이 있다. 나는 우리 동네에 거리 청소와 같은 서비스가 잘 이뤄지지 않고 있다고 불평하는 편지를 보냈다. 비교 대상은 형이 살고 있던 세인트루이스였는데, 세인트루이스에서는 매주 거리 청소가 이뤄지고 있었다.

몇 차례의 예의 바르고 정보가 담긴 편지들이 오가고 나서, 그는 드디어 문제의 핵심을 이야기했다. 캔자스시티는 인구가 훨씬 퍼져 있어서(평방마일당 1460명) 세인트루이스(평방마일당 4805명) 수준으로 서비스를 제공하려면 비용을 감당할 수 없다는 것이었다.

세인트루이스도 지난 몇 년간 인구가 크게 줄어서 1950년의 3분의 1밖에 안 된다. 그런데도 도시가 원래 조밀하고 대체로 걸을 수 있게 지어져 있었기 때문에 거리 청소, 쓰레기 수거, 재활용품 수거가 더 잘 이뤄지고 수도도 더 싸게 공급된다. 세인트루이스 사람들은 지난 몇 년간 많이 나빠졌다고 이야기하며, 아마도 그럴 것이다. 그렇더라도 핵심은 달라지지 않는다. 어떤 도시나 동네가 도보가능성이 크면, 즉 조밀하게 지어져 있으면, 기본적인 공공 서비

R. 존 앤더슨R. John Anderson의 팀은 2001년부터 캘리포니아 주 치코의 도우밀 주거단지를 도보가능한 곳으로 개발한 주역이다. 앤더슨은 도우밀에 살게 될 200세대의 가구에 대해 주택소유자협회를 설립하지 않기로 했는데, 그가 밝힌 이유를 소개한다.

나는 캘리포니아 주 치코와 미네소타 주 세인트폴의 오래되고 훌륭한 동네들을 열심히 관찰했다. 물리적인 공간과 건물이라는 하드웨어, 그리고 사람들의 상호작용이라는 소프트웨어 둘 다를 살펴보면서, 그것들을 활성화하는 요인과 잠식하는 요인을 연구했다.

치코의 토지 개발 기준과 부지 용도 규제는 치코에 오래전에 지어진 맨션파크나 더스트리트처럼 훌륭한 도보가능 동네를 만들기 어렵게 되어 있었다. 하지만 그런 오래된 동네에 도시 당국이 제공하고 있는 서비스와 행정 업무는 꽤 잘 작동되고 있는 것 같았다. 그렇다면, 주택소유자협회가 도우밀에 살게 될 주민들에게 실제로 해 줄 수 있는 것은 무엇인가?

전형적인 다른 동네들을 보니, 주택소유자협회가 주민들 간에 알력을 일으키는 데는 큰 역할을 하면서 공공 공간과 시설을 관리하는 데는 미미한 역할밖에 못하고 있었다. 게다가 이런 곳의 거주자들은 오래된 동네에 시 당국이 기본으로 제공하는 서비스를 위해 다달이 돈까지 내고 있었다.

주택소유자협회를 둔다는 것은 문서화된 계약을 맺고 분쟁은 소송으로 해결하기로 동의한다는 것을 의미한다. 그런데 이런 접근 방식은 '이웃과 잘 지내는' 법을 알아간다는 개념과는 거리가 멀어 보였다. 시민으로서 살아가는 것의 기본 전제인 '예의'를 갉아먹는 방식 같았다. 혼전계약서가 낭만이나 희망을 말하는 것이 아니듯이, 주택소유자협회 서류들도 혼전계약서와 비슷해 보였다. 나는 내키지 않는 일을 냉소적으로 진행하는 데 우리의 노력을 쓰고 싶지 않았고, 그것에 사람들더러 서명하라고 하는 것이 공정하다고 여겨지지 않았다.

_ R. 존 앤더슨, 캘리포니아 주 치코

스를 더 잘 제공할 수 있다. 이런 서비스를 얻기 위해 주택소유자협회에 '세금'을 추가적으로 낼 필요가 없는 것이다.

다리를 움직이는 순간
생각이 흐르기 시작했다

마리나 쿠리, 메릴랜드 주 게이더스버그

최근에 마이애미에서 워싱턴DC 근처로 이사를 했다. 마이애미도 좋은 도시지만 현재의 생활이 더 우아하고 풍요롭다. 나는 새로 개발된 단지인 레이크랜드에 살고 켄틀랜드에서 일한다. 이 단지들이 계획할 때 의도했던 대로 잘 작동하는 것을 보면 기쁘다. 생기 있는 공동체가 되도록 도시를 디자인하는 것이 내 직업이다. 레이크랜드나 켄틀랜드 같은 행복한 성공에 가장 크게 기여하는 요인은 걷기, 그리고 걷기가 가져다주는 안전하고 우아하며 재미있는 가능성들이다.

걷는 것의 장점을 나는 하루 종일이라도 말할 수 있다. 걷기의 구체적인 이익은 이미 잘 알려져 있다. 걸으면 개인의 탄소 배출량이 줄어서 환경에 좋다. 걸으면 비만과 관련된 질병의 위험을 줄여 줄 뿐 아니라 행복감도 높여 주므로 건강과 정서에 좋다. 이 모든 것에 백번 동의한다! 금전적인 이익에 대해서도 증언할 수 있다. 도보가능성이 높은 레이크랜드와 켄틀랜드 모두 경제 지표가 좋으며 주변의 퍼져 있는 주거지들보다 주택 가격도 높다. 모두 걷기가 가져다주는 중요한 이익이다. 하지만 수량화하기 어려운 이익들은 더 매력적이다.

계절이 바뀌고 시간이 지나면 걷기의 경험도 달라진다. 나는 18개월짜리 딸을 둔 엄마다. 딸 라일라는 날씨가 어떻든 밖에 나가는 것을 좋아한다. 우리는 공원까지 걸어가서 탐험을 하고 좋아하는 활동을 따로, 또 함께 하면서 시간을 보낸다. 라일라와 나는 세상을 다르게 본다. 라일라는 생전 처음 세상을 발견해 가는 중이고, 건축가인 나는 걸어가면서 건물들을 살펴보는 것을 좋아한다. 걸으면 장소의 특성을 다른 어떤 방식보다 깊이 느끼고 이해할 수 있다. 나는 걷다가 이웃의 정원이나 현관에서, 아니면 길가에서 짧게라도 사람들과 쉽게 수다를 떤다. 새로 온 신혼부부가 세상에 자기들밖에 없다는 듯이 서로에게 푹 빠져서 손을 잡고 걸어오는 것을 보면서, 또 십대 청소년들이 스케이트보드를 타고 잠시 동안 거리를 장악하는 광경을 보며 미소 짓는다.

때로는 걸으면서 명상하듯 머리를 비우고 마음을 안정시키기도 한다. 남편과 나는 많은 어려움을 함께 겪어 왔는데, 걸으면 해결책이 떠올랐다. 헨리 데이비드 소로Henry David Thoreau는 "다리가 움직이기 시작하는 순간 생각이 흐르기 시작한다."고 말했다. 정말 그렇다!

나는 걸으면서 익숙한 것들을 알아보고, 라일라는 자기 키 높이에 있는 것들을 알아본다. 걷는 것은 라일라에게 큰 모험인데, 라일라는 길을 자신만의 야외 놀이터로서 경험한다. 세상이 라일라에게 이런 방식으로 자신을 드러내는 것을 보면 기쁘다. 라일라는 길 옆의 화사한 꽃밭을 기어가는 무당벌레를 보거나 다람쥐를 쫓다가 나무 밑에서 놓치고서는 즐거워하며 소리를 지른다. 겁도 없이 길에서 보이는 모든 강아지를 쓰다듬으려 하기도 한다. 도로 바닥이 포장된 무늬를 따라 춤도 춘다. 또 라일라는 걸으면서 친구도 많이 사귀었다. 이는 나에게도 새로운 친구를 사귈 수 있는 기회가 된다. 우리가 함께 걷는 소중한 시간에 무척이나 많은 일이 벌어진다. 나는 되도록 이 즐거움을 오래 누리고 싶다. 이렇게 걱정 없고 순수한 시간이 언젠가는 지나갈 것임을 알기 때문이다. 그리고 그때도 내가 걸어야 할 다른 이유가 있을 것이다. 바라건대 항상 라일라와 함께.

어떤 곳들은 매일, 혹은 매주 가야 한다.
그런 곳 몇 군데를 소개한다. 물론 걸어서 간다.

5장

삶을 바꾸는 걷기
사회성

진짜 삶을 살기 위한
자전거 타기

마이크 리든, 뉴욕 브루클린

나는 메인 주 미드코스트 지역에서 자랐다. 소나무와 바위들이 있는 반도에 걸을 수 있는 동네들이 드문드문 있었다. 어렸을 때는 다른 곳을 거의 몰랐기 때문에 도시와 시골이 이렇게 아름답게 조화를 이루는 곳을 당연하게 여겼다.

지금은 뉴욕 브루클린에 산다. 걸어 다니기가 너무 편해서 나는 뉴욕이 게으른 사람들을 위한 위대한 도시라고 농담을 하곤 한다. 피자 한 조각을 사러, 장을 보러, 아스피린 한 통을 사러 차를 몰고 가야 한다는 것은 대단한 노력까지는 아니라 해도 불필요한 노력으로 보인다.

물론 뉴욕은 게으른 사람들의 도시가 아니다. 이곳에는 성공하려고 열심히 일하는 사람들이 많다. 일례로, 클린턴-워싱턴 지하철 역 입구에서 신문을 파는 남자처럼. 우리는 이름은 모르지만 서로 아는 사이다. 그는 내가 프로스펙트 공원으로 뛰어갔다가 45분 뒤에 다시 뛰어오는 것을 본다. 그는 내가 언제 빨래를 하는지, 내가 언제 우유가 떨어졌는지 안다. 나는 그가 좋아하는 고객이 누구인지 안다. 웃는 얼굴을 보면 신문 1면 제목을 본 듯이 대번에 알 수 있다. 맑은 날 그를 도우러 나오는 여성이 그의 아내라는 것도 안다. 그가 임시로 만든 신문 스탠드(두 개의 우유 나무상자, 나무 의자 하나, 하나의 파티클보드 합판으로 돼 있다)를 보관하는 곳이 우리 집 현관 아래쪽의 가로등 아래라는 것도 알고 있다. 그가 아니었으면 그 가로등은 별 쓰임새가 없었을 것이다.

이렇게 말을 나누지는 않아도 분명하게 맺고 있는 우리의 인간관계는 뉴욕 사람들이 거리를 다니면서 맺는 수많은 인간관계 중 하나다. 이 모든 것의 핵심은 뉴욕의 도보가능성이다. 도보가능성은 신문 장수의 생계를 가능하게 하는 원천이다. 집에서 나와 인도에 세워 둔 자전거를 타고 출근길에 나설 때, 나는 그를 돌아보면서 미소를 짓는다. 그것이 나의 생계를 가능하게 하는 원천이기도 하다는 것을 나는 알고 있다.

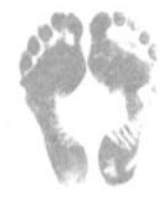

날씨가 안 좋은 파리에서는
수천 개의 야외 술집이나 음식점에
여러 세대가 모여서 이야기하고 바라본다.
…… 이런 것이 인생이 아닐까.
세계의 많은 나라에서,
모여서 바라보는 것은 굉장한 여가다.

_ 레이 브래드버리Ray Bradbury
『작은 마을 광장: 이런 것이 다 인생The Small-Town Plaza: What Life is All About』

▼ ▼ ▼

개인의 정체성을 위해 얼마나 분투하든 간에, 우리는 인간이 사회적 동물이라는 사실에서 벗어날 수 없다. 우리는 다른 사람들과의 사회적 접촉을 즐길 뿐 아니라 열망한다. 그것이 우리의 본성이다. 그리고 인간이 고립되어서는 잘 살 수 없음을 보여 주는 연구 결과도 많이 나와 있다. 약간의 고립은 기운을 북돋워 줄 수 있지만, 완전한 고립은 사람을 이상하게 만든다. 내향적인 사람이든 외향적인 사람이든, 우리는 어떤 상황에서건 다른 사람들과 관계를 맺도록 만들어졌다. 인간 종의 생존 자체가 인간관계에 의존하고 있다고 말해도 과언이 아니다.

걷는 것은 재미있는 사회적 활동이다

걷기의 좋은 점 중 하나는 사교의 욕구를 채워 준다는 점이다. 걷는 사람이 많은 곳에서는 사교의 욕구를 더 잘 채울 수 있다. 나는 사람들이 휴가 때 걷기 좋은 곳들에 가는 이유가 이런 점 때문이라고 생각한다. 휴가가 아니면 미국인의 일상에서는 걸으면서 사람들을 만나 친교를 쌓기가 너무나 어려운 것이다. 우리는 차를 몰고 일터로 가고, 차를 몰고 장을 보고, 차를 몰고 놀러 가고, 차를 몰고 집에 온다. 각각의 활동에 사교의 요소가 있기는 하겠지만, 비공식적이고 느긋한 친교 활동은 아니다.

무슨 말이냐고? 얼마 전에 제이미와 나는 일요일도 즐길 겸 몇 가지 볼일도 처리할 겸 다운타운 쪽으로 걸어가고 있었다. 가는 길에 공원에서 걷고 있는 로이를 만났다. 우리와 펍에서 퀴즈 게임을 하곤 하는 로이는 64세로, 서배너의 마당발이다(그는 탁상용 달력을 가지고 다니면서 모든 활동과 일정을 빼곡히 써 놓는다). 로이는 공원에서 드럼서클을 하고 있는 히피 젊은이들을 만난 참이었다. 드럼서클, 이건 또 완전히 다른 이야기다.

어쨌든 로이와의 우연한 만남은 15분간의 대화로 이어졌다. 공원에서 어떤 일이 벌어지고 있는지, 주말에 무엇을 했는지, 다음 주에는 무엇을 할 것인지 등등. 우리가 같이 아는 친구들에 대해서도 이야기를 나눴다. 나는 로이에 대해 한두 가지 새로운 사실을 알게 됐고, 로이도 우리에 대해 무언가를 새로 알게 됐을 것이다. 이 모든 일이 재밌는 시간이었고, 일상에서 불쑥 발생한 행복한 사건이었다.

중요한 것은, 도보가능한 동네에서는 이런 식의 무작위적 만남이 흔하게 일어난다는 점이다. 낮이든 밤이든 한두 시간 사이에 완전히 다른 집단에 속한 사람들 여러 명을 만나게 되는 날이 많다. 이런 만남은 복작대는 바나 시끄러운 커피숍 같은 실내에서만 일어나는 일이 아니다. 거리나 광장 같은 옥외에서도 왕왕 일어난다. 우리는 거리나 광장에 재미 삼아 자주 나가는데, 걷기 좋은 동네의 중요한 특성 중 하나는 바깥이 재밌어서 더 자주 바깥에 나가게 된다는 점이다.

여기에서 말하는 사교는 단지 재미만을 뜻하지는 않는다. 그보다는 미국인 대부분이 일상에서 결여하기 쉬운 무언가를 말하는 것이다. 고독한 황야를 낭만적으로 갈망하더라도, 인간으로서 우리 모두는 서로와 되도록 많이 접촉하고자 하는 욕구가 있다. 기술이 얼마나 발달하든 간에, 페이스북 같은 소셜미디어를 아무리 열심히 한다고 해도 채울 수 없는 것이 있다.

걸어서 이동하면 시간을 절약할 수 있다

우리는 자동차가 시간을 절약해 주는 도구라고 생각한다. 어딘가에 빠르게 가야 할 경우, 명백한 해결책은 자동차에 올라타서 운전하는 것이다. 교통 체증이 없을 경우, 자동차는 먼 곳까지 비교적 빠르게 우리를 데려다준다. 그래서 우리는 자동차가 효율적인 걷기의 좋은 점 중 하나는 사교의 욕구를 채워 준다는 점이다.

걷는 사람이 많은 곳에서는 사교의 욕구를 더 잘 채울 수 있다.

우리는 거리나 광장에 재미 삼아 자주 나가는데,
걷기 좋은 동네의 중요한 특성 중 하나는 바깥이 재밌어서
더 자주 바깥에 나가게 된다는 점이다.

시간 관리 도구라고 생각하며, 나아가 시간을 절약해 주는 도구라
고 생각한다.

그런데 내가 살펴보니 종종 그 반대의 일이 벌어지고 있었다. 목
적지까지 걷거나 자전거를 타고 가는 편이 차로 갈 때보다 시간이
덜 걸리는 것이다. 그래서 나는 전보다 요즘 시간이 더 넉넉하다.

물론 모두에게 해당되는 말도 아니고, 모든 장소에 해당되는 말
도 아니다. 하지만 내 경우에는 분명히 그렇다.

캔자스시티에 살 때는 일상적인 목적지 중 걸어서 갈 수 있는 몇
군데를 빼놓고는 대부분 흩어져 있어서 차를 타고 가야 했다. 걸을
수 있는 거리에 식당과 커피숍 몇 개와 친한 친구 한두 명의 집이
있었고, 날씨가 좋으면 25분을 걸어서 출근도 할 수 있었다. 하지
만 나는 일 때문에 도시 곳곳을 다녀야 했고, 걸어서는 장을 보는
것도 불편했으며, 다른 동네에 가서 먹거나 마시고 싶을 때도 자주
있었다. 버스로 갈 수 있는 곳도 있긴 했지만, 캔자스시티는 버스
시스템이 매우 열악해서 차를 직접 몰고 가는 것보다 시간이 훨씬
많이 걸렸다.

그런데 지금 서배너는 다르다. 이는 내가 서배너를 선택한 주된
이유이기도 하다. 나는 일상적인 목적지 대부분을 어렵지 않게 걸
어서 다닌다. 식당, 술집, 슈퍼마켓, 은행, 이발소, 병원, 공원, 그
리고 매우 자주 열리는 페스티벌 장소 등에 걸어서 10분이나 15

뉴욕, 뉴저지, 롱아일랜드	34분
워싱턴DC	33분
시카고	31분
애틀랜타	30분
LA	29분

*출처: US Census Bureau, American Community Survey, 2010

분 안에 갈 수 있다. 운전하고 주차할 자리를 찾는 게 시간이 더 걸린다. 길이 에둘러 가게 되어 있어서이기도 하고, 주차가 어려운 경우가 많아서이기도 하다. 그래서 자전거를 타거나 걷는 요즘, 나는 예전보다 그리고 대다수 미국인보다 이동하는 데 시간을 훨씬 적게 쓴다.

평균적인 미국인은 매일 한 시간 반을 운전하면서 보낸다. 1년이면 무려 3주다. 이와 달리, 나는 운전에 쓰는 시간이 1주일에 두 시간이다.

운전하는 시간 대신 걷고 자전거 타는 데 시간이 들지만, 후자는 내가 즐길 수 있는 시간이라는 점에서 차이가 있다. 걸으면 운전을 할 때보다 건강에 좋고, 피로도 풀리며, 기분도 좋아진다. 더 중요하게는, 촘촘한 동네에 살면 내가 좋아하는 일에 할애할 시간을 더 많이 낼 수 있다. 교통 체증을 겪을 때면 그것이 내게 일상적으로 일어나는 일이 아니어서 얼마나 감사한지 모른다.

어디든 차를 몰고 가는 생활 방식에서 벗어나 봐야만(대다수 미국인에게는 벗어날 수 없는 삶의 조건으로 여겨지지만) 그 시간이 얼마나 삶의 질이 낮은 시간인지 깨달을 수 있다. 우리는 자동차 안에 있는 것이 안락해지도록 갖은 애를 쓴다. 좌석을 편안하게 만들고, 최고급 오디오를 장착하며, 핸즈프리 휴대전화 장비를 설치한다. 아무리 그래도 하루에 90분을 보내기에 자동차는 형편없는 공간이다.

나는 운전대를 잡는 데 시간을 쓰는 것보다 친구나 친지와 이야기하거나 내 프로젝트를 생각하는 데 시간을 쓰는 게 더 좋다. 사회적인 모임에 시간을 할애한다면 인간관계를 돈독하게 할 수 있을 것이다. 또 개인적인 취미에 빠지고 싶을 때도 있고, 아무것도 안 하고 그냥 쉬고 싶을 때도 있다. 운전을 조금 덜하기로 결심하면 이 모든 것을 할 수 있는 시간이 생긴다.

이웃과 자연스럽게 어울릴 수 있다

사람들은 모든 사람이 나처럼 외향적인 것은 아니라고 말한다. 너무 많은 상호작용에 지쳐서 혼자만의 재충전 시간을 필요로 하는 사람들도 많다. 어떤 사람들은 개인적인 성향이 강해 사회적인 모임에 잘 가지 않는다. 또 우리 모두 가끔씩은 혼자 있을 필요가 있다. 이런 개인적 차이에는 아무 문제도 없다.

하지만 친교를 원하는 경우에는 걷기 좋은 동네에 사는 편이 그렇게 하기가 훨씬 쉽다. 이웃을 만나고 싶고 더 잘 알고 싶은 경우, 일반적인 교외 주거지보다 우리 동네의 거리와 건물이 그렇게 하기에 더 쉽게 되어 있다. 걸어서 갈 수 있는 곳에 친구가 살면 운전을 해서 가야 하는 경우보다 친구 집에 가고 싶은 생각이 더 자주 들 것이다. 10분을 걸어가서 안부를 묻는 것은 유쾌한 경험이지만, 10분을 차를 몰고 가야 한다면 안부를 물으러 가기에는 너무 먼 거리로 느껴질 수밖에 없다.

어떤 사람은 이의를 제기할지도 모르겠다. 환경이 어떻든 간에 친구를 만나는 게 뭐 그리 어려운 일인가 하면서 말이다. 물론 노력을 하면 어떤 환경에서든 사람들을 만나고 알아나갈 수 있다. 하지만 장소의 디자인은 우리의 행동에 직간접적으로 영향을 미친다.

거리, 건물, 풍경의 위치나 세부 사항들은 인간의 상호작용을 촉진하기도 하고 방해하기도 한다. 디자인의 자그마한 요소들이 모르는 사이에 사람들의 행동을 바꾸는 경우가 많다. 도시계획가로서 도시나 마을을 디자인할 때 이런 경우를 자주 접한다.

나의 형은 심리학자다. 언젠가 형의 일터에서 디자인이 정말로 공동체의 결속에 영향을 미치는지에 대해 토론을 한 적이 있다. 토론장 가득 미심쩍어하는 박사들이 있었지만 젊은 건축가로서 나는 디자인이 영향을 미친다고 주장했다. 나는 내가 관찰한 바를 이야

나는 운전대를 잡는 데 시간을 쓰는 것보다
친구나 친지와 이야기하거나
내 프로젝트를 생각하는 데 시간을 쓰는 게 더 좋다.

사회적인 모임에 시간을 할애한다면
인간관계를 돈독하게 할 수 있을 것이다.

또 개인적인 취미에 빠지고 싶을 때도 있고,
아무 것도 안 하고 그냥 쉬고 싶을 때도 있다.

운전을 조금 덜하기로 결심하면
이 모든 것을 할 수 있는 시간이 생긴다.

기했지만 학자들이 연구 논문으로 증명한 내용들도 많다. 건물이 도로에 가깝게 접해 있고, 주택들은 앞쪽에 현관 툇마루를 가지고 있으며, 길에 사람들이 많이 지나다니는 동네가 있다고 하자. 이런 동네를 지난 3, 40년간 미국에 들어선 일반적인 주거 단지와 비교해 보자. 길은 더 넓고, 인도는 한쪽에만 있으며, 집은 차고 위주로 되어 있고, 집 앞쪽에 현관 툇마루가 없어서 사람들은 대개 뒤뜰에서 시간을 보낸다. 어느 쪽이 이웃 사람을 우연히 만나거나 이웃집 문을 두드릴 마음이 생기기에 더 좋을까?

나는 양쪽 환경 모두에서 살아 봤기 때문에 사회적 감촉의 생생한 차이를 잘 알고 있다. 내가 모든 이웃을 다 안다는 말이 아니다. 하지만 교외 주거지의 고립된 세계에 살았을 때보다 요즘 살고 있는 동네에서 이웃과 어울릴 기회가 더 쉽게, 더 자주 생긴다.

꼭 말을 나누지는 않더라도 전에 살던 데서보다 이웃을 더 자주 본다. 그들도 나를 더 자주 볼 것이다. 이런 종류의 상호 연결은 바람직한 시민 행동을 육성하기 때문에 중요하다. 나만 해도 그렇다. 사람들이 나를 보고 있으며 내 행동을 기억하리라는 것을 알기 때문에 더 신경 써서 쓰레기를 밖에 내다 놓고, 강아지 똥을 더 잘 치우고, 집 앞을 더 잘 정돈한다. 일반적으로 말해서, 더 어른스럽게 행동한다.

나는 사회학자가 아니므로 왜 이런 행동이 나오는지를 설명하지

비교해 보세요. 어느 곳이 더 딩신을 환영하는 것처럼 보이나요?

는 못하지만, 장소가 생활에 미치는 영향을 연구한 많은 학자들이 이와 동일한 결론을 내렸다. 인간은 디자인의 요소들에 영향을 받는다. 따라서 공간 디자인에도 영향을 받는다.

내가 사는 도시를 더 잘 알게 된다

걷는 것의 사회적 효과가 모든 사람에게 다 이득으로 여겨지지는 않을 것이다. 우리는 성격과 관심사와 취향이 다 다르다.

나로 말하자면, 내가 사는 장소의 역사를 알아가는 것을 좋아한다. 그리고 시속 3, 40마일(약 50~65킬로미터)로 차를 몰고 갈 때보다 걸어서 갈 때 장소의 역사를 알기가 더 쉽다. 걸을 때는 더 가깝게 보이고 들리지만, 차를 탈 때는 뭐가 뭔지 알아차리기도 전에 휙 지나가 버린다. 나는 시속 3마일(약 5킬로미터)의 속도로 삶을 경험한다. 이 속도에서라면 동네와 도시의 세세한 면들을 볼 수 있다. 건물이 지어진 연도를 알려 주는 표지판이나 지난 세기에 살았던 사람에 대한 기념비의 설명 등이 모두 눈에 들어온다. 실제로 멈춰 서서 그런 것들을 읽으면서 내가 사는 도시에 대해 배운다. 그러면 이 장소에, 그리고 나보다 앞서 이곳에서 살았던 사람들에게 더 많이 연결된 것처럼 느껴진다.

시속 3마일(약 5킬로미터) 도시

지난 50년간 코펜하겐을 자전거와 보행에 좋은 도시로 만드는 데 기여한 덴마크 건축가 얀 겔이 한 말이다. 인간에 적합한 규모란 어떤 것인지에 대해 그는 환경운동단체인 시에라 클럽과의 인터뷰에서 다음과 같이 이야기했다.

우리는 걷고 자전거를 타는 사람들에게, 일반적으로 말하자면 공공장소에서의 삶에 강조점을 둔다. 이 말은, 사람에게서 시작해야 하고 다른 모든 것은 나중이어야 한다는 말이다. 자동차 통행, 건물 등은 사람보다 우선순위가 될 수가 없다. 사람부터 시작하지 않으면, 그러니까 자동차 먼저 고려하고 건물들을 먼저 지어 놓고 나면, 그 다음에 사람을 고려한 것들을 추가하는 것은 불가능하다. 사람에서 시작해야 한다. 또한 인간의 신체와 감각을 출발점으로 삼아야 한다. 보행자 위주로 되어 있는 베네치아 같은 곳에서는 '시속 3마일 건축물'들을 볼 수 있다. 모든 것의 규모나 세부 사항이 시속 3마일로 움직이면서 볼 때 가장 아름답다. 오래된 도시들은 다 시속 3마일 규모로 지어져 있다.

＊출처: 시에라클럽 인터뷰, 2010년 1월 29일.
http://sierraclub.typepad.com/greenlife/2010/01/architect-jan-gehls-bicycle-revolution-.html

특히 걸어서 다니면 그 장소를 잘 아는 사람들과 대화할 기회가 많이 생긴다. 이런 사람들과 이야기를 나누는 것이 역사책이나 기념비문을 읽는 것보다 낫다. 서배너를 걸으면서 나는 이곳에서 수

보행자 위주로 되어 있는 베네치아 같은 곳에서는
‘시속 3마일 건축물’들을 볼 수 있다.

모든 것의 규모나 세부 사항이 시속 3마일로
움직이면서 볼 때 가장 아름답다.

오래된 도시들은 다 시속 3마일 규모로 지어져 있다.

십 년간 살아온 사람들을 만나 서배너에 대한 멋진 일화들을 들었다. 이 건물이 전에는 어땠는지, 저 광장에서 누가 어떤 일을 했었는지, 더 일반적으로 말하자면 이전 세대에는 삶이 어땠는지.

지난해 어느 가을 날, 한 노인이 교회에서 나와 천천히 광장을 가로지르는 것을 보았다. 우리는 인사를 하고 친근하게 수다를 떨기 시작했다. 그는 수십 년 전 어린 시절에 이 동네에서 지냈던 이야기와 이곳이 어떻게 바뀌었는지, 은행이 전에는 어디에 있었고, 맞은편에는 약국이 어떻게 있었는지 등을 자세하게 말해 주었다. 그는 이곳의 생활이 좋은 쪽으로도 나쁜 쪽으로도 많이 달라졌다고 했다.

이러한 만남은 도시를 이해하는 데 도움을 주고 내 삶을 풍성하게 해 준다. 차에 갇혀서 목적지인 쇼핑몰이나 드라이브스루 매장까지 내달린다면 결코 누릴 수 없는 것들이다.

다양한 사람들과 만날 기회가 생긴다

나는 건축가여서 사람들과의 상호작용보다 건물이나 공간과의 상호작용에 먼저 초점을 맞추는 경향이 있다(우리 모두 직업병에서 자유롭지 못하다).

하지만 걷기가 나에게 촉진해 준 상호작용 중 가장 중요했던 것들은 사람들과의 상호작용이었다. 많은 경우에 상호작용은 말없이 이뤄진다. 서로의 옆을 걸어서 스쳐가면서 미소를 보내고 각자 갈 길을 갈 것이다. 하지만 나는 대부분 걸어서 다니기 때문에 이와 다른 종류의 일도 날마다 벌어진다. 사람들과 이야기를 나누게 되는 것이다!

그러면 도시에 대해서도, 사람들에 대해서도 더 잘 알게 된다. 물론 내가 알게 된 것이 대단치 않아 보일 수도 있다. 어떤 것들은 딱 보면 알 수 있는 것들이다. 저 사람은 밝은 색 옷을 좋아하는 모양이라든지, 북적대는 것을 좋아하는 모양이라든지, 오늘 안 좋은 하루를 보낸 모양이라든지 하는 식으로 말이다. 이런 목록은 끝도 없다. 인간의 행위는 끝없이 예측 불가능하니 말이다.

혹은 딱 봐서는 알기 어려운 것들을 알게 될 수도 있다. 또 어쩌면 나와 아주 다른 누군가를 만나게 될 수도 있다. 훨씬 가난하거나, 훨씬 부자이거나, 훨씬 시끄럽거나, 훨씬 조용하거나, 아니면 그냥 이상한 사람이거나. 핵심은, 공공장소를 걸어 다닐 때 우리가 '인류'를 보고 듣고 냄새 맡을 수 있다는 점이다. 좋은 사람, 나쁜 사람, 이상한 사람 할 것 없이, 인류 전체를 마주칠 수가 있다.

모든 사람이 이런 종류의 상호작용을 좋아하지는 않을 것이다. 엇비슷한 사람끼리, 소득 수준이 비슷한 사람끼리, 연령대가 비슷

강아지를 산책시키는 것이 사람들을 만나는 데 매우 효과적이라는 사실은 비밀이 아니다. 개가 있으면 완전히 낯선 사람과 마주쳐도 분위기가 부드러워진다. 첫 인상이 다가가기 어려워 보이는 사람도 마찬가지다. 사람들을 만나고 싶다면 강아지를 키우라. 그리고 걷기 좋은 동네에서 강아지를 산책시키면 강아지 공원까지 차를 몰고 가야 하는 경우보다 사람들을 만나는 효과를 극대화할 수 있을 것이다. BBC 다큐멘터리 중에 〈강아지와 걷기: 특별한 원더랜드Walking with Dogs: a Wonderland Special〉라는 것이 있다. 사람들이 런던에서 강아지를 데리고 걸으면서 (아마도 강아지 덕분에) 낯선 사람과 친밀한 대화를 나누는 모습을 볼 수 있다.

한 사람끼리 어울리고 싶어 하는 사람도 많다. 자유로운 사회에 사는 우리는 그렇게 경계를 짓는 방법을 아주 많이 알고 있다.

운전을 해야 살수 있었던 시절에는 요즘 같은 방식의 상호작용을 하지 못했다. 상호작용이라고 해 봐야 자동차 안에 갇혀서(운이 좋으면 창문을 내리고) 할 수밖에 없었다. 미소를 보내거나 손을 흔드는 종류의 상호작용을 말하는 것이지만, 화난 얼굴이거나 가운뎃손가락을 내미는 형태로 이루어지는 상호작용도 있었다.

물론 걸을 때의 상호작용이 전부 다 밝고 행복하며 빛나기만 하는 것은 아니다. 하지만 적어도 액셀을 세게 밟게 만드는 것보다는 웃게 만드는 일이 더 자주 생긴다.

이사 걱정 없이 오래 살 수 있다

살다 보면 처지와 상황에 따라 필요로 하는 주거 환경이 달라진다. 젊었을 때는 근사하고 싼 집에 세를 들어 살고 싶었고, 다른 것에 대해서는 별로 관심을 갖지 않았다. 그러다가 나 자신의 방을 갖고 싶어졌다. 개를 키우게 되면서부터는 마당이 필요했다(사실은 개뿐 아니라 나를 위해서도). 사람들은 결혼을 하고, 아이를 갖고, 이혼을 하고, 나이가 든다. 그래서 같은 집에서 5년이나 10년 이상 살게 되는 경우가 많지 않다.

문제는, 완전히 다른 동네로 이사를 가야만 하는 경우가 많다는 점이다. 많은 동네들이 온통 똑같은 집만 들어서 있기 때문에 내 상황이 달라졌을 때 내게 맞는 집을 동네 안에서 찾을 수가 없는 것이다. 그러면 멀리 다른 동네를 찾아봐야 하고, 살던 동네에서 사귄 친구들과 헤어져야 한다.

하지만 걸을 수 있는 동네에서는 집을 바꿔야 하더라도 동네를 떠날 필요가 없다. 도보가능한 동네에는 다양한 종류의 단독주택,

임대 아파트, 연립주택들이 섞여 있다. 이것이 바로 촘촘한 동네의 특성이다. 보행자 친화적인 동네에서는 내가 인생의 어느 국면에 있든지 간에 그때 그때 필요에 따른 집을 찾을 수 있다.

서배너에서 2년 반을 사는 동안 크기와 디자인이 각기 다른 세 군데의 임대 아파트에서 지내보았는데, 모두 한두 블록 안에 있었다. 만약 집을 사야 한다면 이곳에는 타운하우스와 아파트가 있고 단독주택도 많다. 은퇴를 하게 되면 이곳에는 시니어 하우스도 있다.

이 동네에 계속 머무는 것은 내게 중요하다. 한 장소에서 일궈 놓은 사회적 유대를 지속할 수 있기 때문이다. 나이가 들고, 결혼을 하고, 이혼을 하고, 아이가 있다는 이유만으로 친구들을 잃게 되지는 않는다. 필요로 하는 주거 여건이 달라졌다는 이유만으로 멀리 이사를 가지 않아도 되기 때문이다. 물론 어디에 살든 친구 관계를 유지하는 것은 가능하고 오늘날의 테크놀로지는 그것을 더 쉽게 만들어 주지만, 가장 강한 사회적 유대는 가장 자주 얼굴을 보면서 상호작용을 하는 사람들 사이에서 생기는 법이다. 대부분의 인간관계에서 근접성은 매우 중요하다.

핵심은, 걸을 수 있는 동네에서는 내게 선택지가 있다는 점이다. 만약 오랜 사회적 관계에서 벗어나고 싶다면 이사를 가면 된다. 만약 다른 동네에서 살고 싶다면 이사를 가면 된다. 하지만 가기 싫

은데 억지로 가야 할 필요는 없다. 내가 선택하는 것이지 상황 때문에 억지로 옮기는 것은 아니다.

미국인들이 지구상의 어느 누구보다도 이사를 자주 한다는 것은 잘 알려져 있는 사실이다. 미 통계국 자료에 따르면, 미국인들은 평생에 걸쳐 평균 14번 이사를 하는데, 영국인은 5번, 일본인은 4번이다. 매년 거의 4,000만 명의 미국인이 이사를 한다.

*출처: http://voices.yahoo.com/census-bureau-report-americans
-move-too-much-2983301.html?cat=7//

나이가 들었을 때 나이 든 사람들에게만 둘러싸여 살지 않아도 된다

'연령 제한 주거지'라는 미국 특유의 주택 단지가 있다. 선 시티, 델 보카 비스타 페이스3, 더 빌리지 등은 '활동적인 성인,' '55세 이상인 분들,' '건강한 신체를 가지고 있으며 노년을 즐기고자 하는 은퇴자들'이 사는 곳, 다시 말해서 은퇴자 타운이다.

자동차 덕분에 이동성이 커지면서 공동체가 인생의 단계에 따라

분화되고 있다. 젊을 때는 임대 아파트나 임대 주택들이 있는 동네, 조금 지나면 처음으로 내 집 마련을 하는 사람들의 동네, 더 큰 집과 정원이 필요해지면 그다음 단계의 동네, 아이들이 커서 떠나면 55세 이상을 위한 연령 제한 은퇴자 타운. 은퇴자 타운은 이렇게 거주지가 분화되는 추세에 따라 주택 개발자들이 민첩하게 개발한 틈새시장이다.

하지만 공동체가 꼭 이런 식으로 분할돼야 하는가? 어떤 연령대가 되어 그에 맞는 다른 동네로, 심지어는 다른 주로 이사를 가게 되면 사회적으로 중요한 것들을 잃게 된다. 말했듯이 내가 사는 동네에는 매우 다양한 주택들이 있어서 내가 필요로 하는 사항이 달라져도 다른 동네로 갈 필요가 없다. 내게 이 점은 매우 중요한데, 나와 비슷한 사람들이나 나와 비슷한 연령대의 사람들만 있는 곳에서 살고 싶지 않기 때문이다.

우리는 모두 노년을 겪게 돼 있다. 나는 노년이 됐을 때 노인들만 있는 곳에 살고 싶지 않다. 그것보다 더 갑갑하고 우울한 상황은 상상하기 어렵다.

나로서는 다양한 연령대가 모여 사는 동네가 노년에만 중요한 것이 아니다. 40대인 지금도 내게 중요하다. 나보다 젊은 사람들의 모습을 날마다 보면 삶에 활력이 생긴다. 어린아이들, 대학생들, 젊은 직장인들을 보면 더 적극적이고 활동적이 된다. 만나고 어울릴 사람이 내 또래뿐이라면 지루해서 어떻게 살겠는가?

주택 업계가 만들어내는 말들에 익숙해져야 한다. 주택이 '제품'이라고 불리는 줄 알고 있었는가? '시니어 하우스'나 '은퇴자 타운'과 관련된 새 용어를 계속 쏟아내면서 주택 업계는 '활동적인 성인'이라는 말을 만들어 냈다. 비활동적인 성인과 다르다는 정도는 짐작할 수 있겠다. 좌우간, '활동적인 성인의 공동체'란 55세 이상인 사람들을 위해 지어진 곳을 말한다.

음주 운전을 걱정할 필요가 없다

인정하자. 인간은 술을 좋아한다. 와인, 맥주, 위스키, 그 밖에 우리의 집과 식당과 바를, 그리고 우리의 축제와 명절을 채우는 많은 술. 여기에는 문제가 없다. 술은 삶의 일부이고, 사람들은 술을 즐긴다. 나는 수제 맥주, 좋은 와인, 고전적인 칵테일을 좋아한다. 반주로도 좋고 술만 마셔도 좋다.

그런데 알코올과 관련해 미국에는 문제가 하나 있다. 어딜 가든 차를 몰고 가는 생활 방식을 받아들인 데서 생긴 문제로, 사람들이 술을 마시고도 운전을 하려 하는 것이다. 위험하고 어리석은 일이다. 부끄럽게도 나 역시 음주 운전을 한 적이 있다. 나는 차가 없이는 아무 곳에도 갈 수 없는 곳에서 살았다. 그래서 술을 마시고도 집에 차를 몰고 가겠다는 어리석은 충동에 쉽게 굴복했다. 물론 그러지 말았어야 했다. 천만다행으로 나에게나 다른 사람에게 최악의 일은 벌어지지 않았다. 하지만 다시 말하건대 운이 좋았을 뿐이다.

술과 마약의 남용은 복잡하고 까다로운 문제다. 음주 운전도 그렇다. 너무나 많은 사람이 음주 운전 차량에 치어 다치거나 목숨을 잃는다. 음주 운전은 사회 전체에 너무나 만연해 있어서 그에 대한

취한 상태인가요?

어떤 차트도 음주 정도나 운전 가능한 상태인지를 정확하게 확인해 줄 수는 없다. 성별, 체중, 유전적 요인, 마신 술의 종류, 술 마신 시간 등 많은 요인이 영향을 미친다. 하지만 어림짐작으로 삼으려면, 처음 한 시간 동안 두 잔을 마셨을 경우 법적으로 허용되는 한계치에 육박한다고 보면 된다. 온라인에서 관련된 차트를 많이 찾아볼 수 있다. 그중 하나로 아래의 웹사이트를 참고하라.

http://www.brad21.org/bac_charts.html

경고도 도처에 붙어 있으며, 음주 운전 사고를 줄이기 위한 조치들도 계속해서 나오고 있다. '음주 및 약물 복용 상태에서의 운전DUI, driving under the influence'에 관한 법률들이 점점 더 엄격해지고 있으며, 음주 단속도 더 자주 시행되고 있다.

문제는, 음주 운전에 반대하는 광고가 아무리 많이 나오더라도, 어떤 창조적인 조치가 나온다 해도, 술을 마시고자 하는 인간의 열망을 없앨 수 없다는 것이다. 그리고 그런 음주 반대 광고나 조치는 미국의 도시가 너무 퍼져 있다는 물리적인 사실을 해결할 수 없다. 내 경험상 이 문제를 해결하는 방법은 딱 하나뿐인데, 운전을 할 필요가 없는 곳에 사는 것이다.

나는 운전에 대한 걱정 없이 마음껏 술을 마실 수 있다(간 건강이나 창피한 일이 생기는 문제는 걱정해야 하지만). 보행자 친화적인 장소에 살면 술을 마신 후에 집까지 걸어오거나 비싸지 않게 택시를 타고 올 수 있으므로(집이 가까워서 요금이 많이 안 나온다) 다른 사람에게나 나 자신에게 위협이 되지 않는다.

도보가능한 동네가 가진 이러한 특성 덕분에 나는 마음이 놓인다. "오늘 운전 담당은 누구지?"를 생각할 필요가 없고, 그 생각을 할 때 따라붙는 어색함과 재미없음도 사라진다. 마음 놓고 즐길 수 있다. 머릿속으로 혈중 알코올 농도를 계산하지 않아도 되고, 다른 사람의 혈중 알코올 농도를 계산해 주느라 애쓸 필요도 없다. 술을 너무 많이 마셔서 친구네 소파에 널브러져야 하는 일도 없다.

어딘가 느긋하게 걸을 수 있는 곳으로 휴가를 갔다고 생각해 보자. 바나 레스토랑에서 술을 몇 잔 마시고 슬슬 걸어서 방에 돌아와 잠을 잘 것이다. 휴가를 가면 우리 모두 이렇게 한다. 그리고 집에 돌아와서는 얼마나 휴가가 느긋했는지를 생각하고 놀란다. 그런데 그 느긋함의 이유가 운전 걱정을 안 해도 되어서였다는 점은 생각하지 못한다. 우리는 친구를 만나 한 시간을 재밌게 보내고도 운전 때문에 서둘러 자리를 접는다. 운전할 필요가 없다는 것을 알면 와인이 얼마나 더 맛있을까? 그리고 모두를 위해 얼마나 더 안전해질까? 왜 그런 느긋함을 휴가 때만 누려야 한단 말인가?

음주 운전으로 인한 사고, 줄일 수 없을까?

알코올과 관련된 사망 사고는 1980년대 초보다 절반으로 줄었다. 음주 운전의 악영향에 대한 사회적 인식이 높아졌기 때문이다. 그런데도 여전히 미국에서는 매년 1만 명 넘는 사람이 음주 운전 차량 때문에 사망한다. 너무나 많은 사람이 여전히 음주 운전으로 숨지는 것이다. 그리고 2010년에 140만 명이 음주 및 약물 복용 상태에서 운전을 하다가 체포됐다.

*출처: 미 질병통제예방센터Centers for Disease Control and Prevention
http://www.cdc.gov/motorvehiclesafety/impaired_driving/impaired-drv_factsheet.html/

넓은 뜰과 잔디 깎는 기계가 필요하지 않다

나는 잔디를 관리하지 않는다. 미국인 남자로서는 이단아처럼 보일지 모른다. 하지만 잔디를 다듬으면서 한없이 시간을 보내는 게 나는 정말 싫다. 내게 잔디 깎기는 순전한 허드렛일이고, 잔디를 깎을 때면 차라리 다른 일을 하고 싶다는 생각만 든다.

많은 사람들이 잔디 깎는 것을 나만큼 싫어하면서도 잔디를 깎아야만 하는 삶을 선택한다. 미국인은 손질이 필요한 넓은 마당을 가지려고 하는 경향이 있다. 그래야만 한다고 생각하기 때문이다. 그러고는 주말과 여가 시간에 그 일을 마지못해 하며 호시탐탐 대신 해 줄 사람을 찾는다. 아이들이 잔디를 깎을 수 있을까? 이웃집 아이가? 부모님이? 조경 회사가?

잔디 깎는 것을 좋아하는 사람도 있긴 하다. 그들은 잔디 깎기 기계와 전자 톱을 사기 위해 돈을 벌고, 씨 뿌리고 잡초 뽑고 잔디에 충분히 물을 주었는지 신경 쓰면서 산다. 하지만 나는 아니다.

잔디를 관리하는 걸 싫어한다고 해서 아름답고 쓸모 있는 자연을 필요로 하지 않는 것은 아니다. 나는 모든 인간은 자연 속에서 보내는 시간을 열망하며 가끔씩 손을 더럽히는 것을 좋아한다고 생각한다.

그렇다면 이 상충되는 욕구들은 내 삶에서 어떻게 조화를 이루고 있을까?

우선, 잔디는 좋아하지 않지만 정원이나 텃밭은 좋아한다. 손이

자기 소유의 집이 없어도 괜찮을까?

《USA투데이》에 새로이 떠오르는 임대 경제에 대한 기사가 실렸는데, 정원일과 주택 소유에 대해 달라진 인식을 볼 수 있다. 일부를 발췌한다.

제이콥슨 씨 가족은 집을 소유하는 것을 그리 동경하지 않는다. 지난 19개월 동안 그들은 애리조나 주 디아버스The Arbors라는 동네에서 월세를 살고 있다. 그들의 집은 단정하고 깨끗하며 가구도 최신 유행이다. 하지만 200제곱피트(약 18제곱미터) 넓이의 뒤뜰은 이사 왔을 때와 마찬가지로 흙과 잡초로 뒤덮여 있다. 그들은 블라인드를 내려놓고 산다.

매달 주택 융자금으로 2,100달러(약 250만 원)를 들이느니 집세로 1243.38달러(약 150만 원)를 내기로 했고, 주말을 집 손질에 쓰느니 재즈 클럽에 가기로 했다.

38세인 조디 제이콥슨은 예전의 집에서 보내던 주말도 재밌었다고 회상했다. 하지만 "그때는 휴가를 간 기억이 없다."고 덧붙였다. 그 집을 정리하고 나서 그들은 휴가를 한 번 갔다. 앞으로 더 갈 생각이다.

만약 다시 집을 사게 된다면 작은 집을 사려고 한다. 스티브 제이콥슨은 "다시는 집에 그렇게 많은 돈을 들이고 싶지 않아요."라고 말했다.

*출처: "주택 임대, 새로운 아메리칸 드림?Home Rentals: The New American Dream?" USA Today, June 5, 2012
http://usatoday30.usatoday.com/money/economy/housing/story/2012-06-05/
are-home-rentals-the-new- american-dream/55402648/1.

내가 마당 삼아 가는 곳늘

덜 가는 꽃나무를 키우건 채소를 키우건 자그마한 땅이라도 생산적으로 쓰는 것은 보람 있는 일이라고 생각한다. 아름다움을 줄 뿐 아니라 신선한 먹을거리라는 효용도 준다. 올해는 아주 작은 텃밭에 토마토, 양파, 실란트로, 할라페뇨를 키울 것이다.

둘째로, '녹색'의 자극을 좀 더 많이 받고 싶을 때는 가까이에 있는 공원에 간다. 작은 광장이건 큰 공원이건 나무, 꽃, 잔디가 있는 넓은 공간에 쉽게 걸어서 갈 수 있다. 이런 곳들은 내가 뒤뜰에서 얼마를 노력해도 누릴 수 없는 것들을 누리게 해 준다. 충분히 넓고 다양할 뿐더러 내가 직접 관리할 필요도 없다.

모든 마을이 서배너만큼 훌륭한 공원을 가지고 있지는 않다. 서배너에 사는 나는 운이 좋다. 내가 일부러 서배너를 선택한 것도 이 때문이다. 안타깝게도 미국의 많은 도시들에 더 나은 공원과 광장이 절실히 필요하다. 너른 녹색 공간을 가까이에서 접할 수 있으므로 나는 넓은 뒤뜰 없이 사는 게 전혀 아쉽지 않다.

내 쓰레기가 당신의 쓰레기보다 덜 거슬린다

나는 남자다. 그래서 쓰레기 버리기는 평생 내 몫이었다.

너무나 많은 거리가 매주 지저분한 물질들로 엉망이 되는 것을 나는 견딜 수가 없다. 강박장애라고도 할 수 있을 정도다. 우리는 쓰레기를 모두가 볼 수 있게 집 앞에 내놓는다. 운이 좋으면 쓰레기 트럭이 찌끄러기를 남기지 않고 전부 싣고 가지만 경험상 그런 행운은 잘 오지 않는다. 내가 살았던 곳들에서는 주민들이 집 앞에 남겨진 쓰레기들을 치우느라 고생을 해야 했다. 땅에 버려진 쓰레기는 치우기 귀찮기도 하지만 거리를 황폐하게 만들기도 한다.

걷기 좋은 동네에는 집들의 뒤쪽으로 골목이 있어서 쓰레기통과 재활용통을 거기에 둔다. 뒷골목(남부에서는 '앨리alley'라는 단어 대신 '레인lane'이라는 단어를 쓴다)이 쓰레기와 재활용품을 다루기에 더 나은 방법이다. 통이 눈에 뜨이지 않고 도로를 막지도 않는다. 내 집의 앞쪽보다는 보는 사람이 별로 없는 뒤쪽이 신경이 덜 쓰인다. 마찬가지로 나도 이웃집의 뒤쪽이 어떤지에 대해서는 앞쪽에 무엇을 내놓았는지 보다 신경을 덜 쓴다.

앞과 뒤, 즉 공공 공간과 사적 공간의 구분은 지난 몇 십 년간의 도시 설계에서 크게 달라진 점 중 하나다. 전에는 주택들에 공공의 성격이 있는 분명한 '앞'과 개인이 조용하게 사용할 수 있는 분명한 '뒤'가 있었다. 사람들이 대부분 걸어 다녔기 때문에 앞문(또는 현관 툇마루)과 거리의 관계는 매우 중요했다. 영화 〈멋진 인생〉에서 조지 베일리가 메리의 집 앞을 지나다가 창문으로 메리와 대화를 나누게 되는 장면을 떠올려 보자. 일상적으로 걷던 시절에는 우리의 삶이 얼마나 더 공적인 공간에서 이뤄졌는지를 보여 주는 작지만 멋진 장면이다. 우리 삶은 더 가시적이었고 공공 공간과 사적 영역의 구분이 더 중요했다. 집의 앞부터 뒤까지 모든 것이 공공 영역과 사적 생활의 균형을 염두에 두고 지어져 있었다. 사적인 시간에 대한 욕구와 사회적 친교에 대한 욕구가 균형을 잡으려면, 앞이 더 공적인 공간이 될수록 뒤는 더 사적인 공간이 되어야 했다.

그런데 자동차 문화를 받아들이면서 앞과 뒤의 배열, 공과 사의

앞-뒤 관계

건축가들은 건물과 거리가 맺는 '관계'에 대해 이야기하곤 한다. 일부일처 관계인지 개방적인 관계인지를 말하는 것이 아니라, 건물이 도로나 인도와 명백하게 면한 곳에 입구가 있어야 하며 공공에게 '열려 있는' 것처럼 보여야 한다는, 다소 지루한 개념이다. 이런 배열이 중요했던 이유는 전통적으로 '앞'은 홀이라든지 응접실처럼 집에서 더 공적인 공간이었고 '뒤'는 더 사적인 공간이었기 때문이다. 거리를 자동차 위주로 설계하기 전까지는 수세기간 이런 방식으로 건물을 짓고 디자인했다. 하지만 그 이래로 우리의 주택은 아주 다양한 배열을 보이게 됐다. 큰 침실을 앞에 두고 거실을 뒤에 둔다. 큰 방들이 사방으로 열려 있고 공공장소는 지하로 내려갔다. 예전의 앞-뒤 관계는 더 이상 존재하지 않는다.

배열이 바뀌었다. 앞은 이전의 뒷골목처럼 되었다. 이제 앞은 차를 몰고 지나가서 차고로 들어가는 곳이다. 뒤는 반만 사적인 공간이 되었다. 넓은 잔디가 있고 뜰 사이에 울타리가 있다. 앞에서 친교를 하는 대신 뒤뜰에서 친교를 하고, 사적인 모임은 뒤에서 갖지 않고 집 안에서 갖는다.

앞-뒤 관계의 변화는 우리 삶의 모든 면에 영향을 미쳤다. 쓰레기도 예외가 아니다. 전에는 쓰레기를 앞에 내보인다는 것은 상상할 수 없는 일이었고, 부적절하고 흉하다고 여겨졌다. 쓰레기는 명백히 뒤쪽, 숨겨진 곳, 사적인 장소에 속하는 것이었다. 쓰레기와 함께 청소 트럭도 대체로 눈에 띄지 않았다. 쓰레기 트럭들은 앞에서 거리를 막고 서 있지 않고 뒷골목으로 들어왔다.

하지만 대부분의 도시와 교외 거주지에서 상황이 달라졌다. 우리는 쓰레기통을, 재활용품을, 정원 쓰레기가 든 자루를, 낡은 가구를, 그리고 더 많은 것들을 앞에다 내보인다. 우리가 당연하다고 받아들이게 된 추함 중 하나다. 하지만 걷기 좋은 동네에는 여전히 쓰레기와 재활용 트럭을 다룰 수 있는 뒷골목이 있어서 건물의 앞쪽이 조금 더 잘 관리될 수 있다. 나는 쓰레기가 눈에 안 보이게 하는 것이 삶의 질에 긍정적인 효과를 준다고 생각한다. 사회적으로 보면, 쓰레기는 자동차가 우리 일상의 세세한 곳까지 얼마나 많은 영향을 미쳤는지 보여 주는 대표적인 사례다.

일상에서도 휴가지에서 산책하듯 걸을 수 있다

부모님 덕분에 나는 어린 시절에 여행을 너무나 좋아하게 됐다. 안 가본 곳을 탐험하는 것보다 내가 더 좋아하는 것은 없다. 물론 걸어서.

휴가와 관련해 우스운 사실이 하나 있다. 걸어 다닐 수 있는 곳에 가기 위해 그렇게들 열심히 돈을 번다는 사실이다. 1년에 50주를 교통 체증 참아가며 출근해서 죽도록 일하고 돈을 모아서 2주간 유럽, 멕시코, 뉴욕, 디즈니랜드, 그러니까 걸을 수 있는 곳에 가는 것이다.

휴가를 가면 우리는 걷고, 약간 느리게 살고, 하루를 조금 더 즐겼다는 것을 알게 된다. 일상의 압박을 받지 않는다는 데서 오는 즐거움이기도 하지만, 돌아다니는 경험을 완전히 다른 방식으로 했다는 데서 오는 즐거움이기도 하다. 교통 체증 속에 앉아 있지 않고 몸을 사용해서 세상을 탐험한 것이다. 나는 휴가가 주는 행복은 상당 부분 우리가 두 발로 걷는 데서 나온다고 생각한다.

그렇다면 왜 일상에서도 그럴 수 있는 장소를 선택하지 않는가?

그 전에 잠시 딴 얘기를 해 보자.

나는 휴가를 가면 식구들을 많이 걷게 하는 것으로 유명하다. 내가 "바로 저기야."라고 하면 여러 블록 더 가야 한다는 말이고, "거의 다 왔어."라고 하면 10분쯤 더 가야 한다는 말이다. 식구들은 나더러 일반적인 사람들과는 거리 개념이 다르다고 말한다.

휴가를 가면 나는 곧바로 밖으로 나가서 종일 걸으며 보낸다. 집에서도 이렇게 일상을 보내기 때문이다. 날마다 걷는 것에 익숙한 나로서는 휴가지에서 오래 걷는 게 그리 큰 일이 아니다. 또 집에 있을 때와 마찬가지로 휴가지에서도 걸어 다니면 장소를 더 가까이에서 더 개인적으로 접하게 된다.

걸으면 휴가의 즐거움이 커지고 낯선 장소를 훨씬 더 빨리 알 수 있게 된다. 당신이 걷는 것에 익숙하지 않아서 휴가지에서 많이 걷지 못한다면, 휴가지의 장소와 사람에 대한 경험과 상호작용이 나보다 덜 풍성할 것이라고 생각한다.

일상적으로 걷는 것은 정말로 '자기강화적'인 활동이다. 더 많이 걸을수록 더 많이 걷고 싶어진다. 덜 걸으면 (출장을 갔을 때라든지 걷기에 좋지 않은 곳에 있을 때) 걸을 마음이 더 생기지 않는다.

그러므로 휴가지에서는 되도록 오래 걷자. 느린 속도로 풍경과 소리를 즐기자. 이런 생활을 집에 돌아가서도 한다고 생각해 보자. 그리고 정말로 그렇게 해 보자. 금세 더 긴 거리를 걷게 될 것이다. 그러면 주변을 더 잘 알게 되고 더 좋아하게 될 것이다.

휴가를 가면 우리는 걷고, 약간 느리게 살고,
하루를 조금 더 즐겼다는 것을 알게 된다.

일상의 압박을 받지 않는다는 데서 오는 즐거움이기도 하지만,
돌아다니는 경험을 완전히 다른 방식으로 했다는 데서 오는
즐거움이기도 하다.

교통 체증 속에 앉아 있지 않고
몸을 사용해서 세상을 탐험한 것이다.

나는 휴가가 주는 행복은 상당 부분
우리가 두 발로 걷는 데서 나온다고 생각한다.

그렇다면 왜 일상에서도 그럴 수 있는 장소를 선택하지 않는가?

《뉴욕타임스》는 2013년에 유럽에서 걷기 좋은 곳
아홉 군데를 소개한 아름다운 기사를 게재했다.

＊출처: http://travel.nytimes.com/2013/04/21/travel/europe-in-9-walks.html

다음은 미국에서 관광객들이 가장 많이 찾는 곳이다.

대부분이 주로 걸어서 다니는 곳이라는 데 주목하라.

＊출처: 포브스 트래블러 매거진Forbes Traveler Magazine
http://www.thetravelerszone.com/travel-destinations/top-25-most
-visited-tourist-destinations-in-america/

기분 좋은 선택,
걸을 수 있는 삶

스튜어트 시로타, 메릴랜드 주 볼티모어

2002년 1월, 나는 자동차에 의존적이던 삶과 작별했고, 그 뒤로 후회한 적이 없다. 시작은 유명한 교외 거주지 개발업자 윌리엄 레빗이 지은 메릴랜드 주 보우위 교외 거주지(워크 스코어 13점. 워크 스코어walkscore.com는 그 지역의 도보가능성을 점수로 알려 준다)의 집을 팔았을 때였다. 1963년에 지어진 그 집은 내가 소유한 첫 번째 집이었고, 그곳에서 나는 거의 12년을 살았다. 그 집을 팔고는 유서 깊은 동네 리버사이드 파크Riverside Park(워크 스코어 87점)에 있는 1898년에 지어진 집을 샀다. 흰 대리석 계단이 있는 전형적인 볼티모어의 단층 주택이었다. 새롭게 잘 정비된 이 동네로 이사하기로 마음먹은 계기는 첫 아이의 출산이었다. 교외에서 시내로 이사를 오니, 출퇴근 시간이 차로 50분에서 걸어서 20분으로 줄었을 뿐 아니라 출퇴근 방법에도 여러 선택지가 생겼다. 버스(10

분), 택시(5분) 등등. 또 출퇴근할 때 내가 더 이상 오염 물질을 방출하지 않고 더 건강해지고 있다고 생각하니 기분이 좋았다.

볼티모어 한복판으로 날마다 걸어서 출근을 하면서 전과는 완전히 다른 방식으로 세상을 접하게 됐다. 이는 시야를 넓히는 경험이었다. 페더럴힐의 아름다운 거리를 지나 역사적인 크로스 스트리트 마켓을 통과해 유명한 이너하버를 거쳐 볼티모어의 비즈니스 지구로 들어선다. 나는 비즈니스 지구에 있는 고층 건물에서 일한다. 차를 몰고 출근하던 때와 달리 일터에 도착했을 때 스트레스나 짜증이 느껴지지 않는다. 일을 시작할 때 여유롭고 힘이 난다. 퇴근길에는 한 블록에 걸쳐 있는 크로스 스트리트 마켓 건물에 들러 신선한 고기나 야채, 디저트나 꽃을 산다. 주차할 필요도 없다. 이런 생활 방식에서는 차를 두 대나 소유할 필요가 없어서 한 대를 없애기로 했다. 어떠한 불편도 감수하지 않고도 연간 8,000달러(약 960만 원)를 절약하게 됐다.

몇 년이 지나 아이가 둘이 되면서 시내의 작은 집이 너무 좁아졌다. 그 집을 팔고 가족 단위의 생활에 더 적합하고 더 좋은 공립학교가 있는 곳으로 가야 했다. 자가용에 의존하지 않는 생활을 포기하기 싫어서 볼티모어 시 바로 외곽, 전쟁 전에 '전차 교외'가 있던 로저스 포지Rogers Forge라는 동네에 집을 구했다. 도보가능하고(워크 스코어 67점) 시내보다 좀 더 큰 로우하우스들이 있는 곳이다. 도보가능성은 이곳을 선택한 주요 이유였다. 거기에다 아름답고 나무가 많은 거리가 있고, 동네 중앙에 있는 좋은 공립학교까지 걸어서 10분 안에 갈 수 있었다.

그러는 동안 나는 직장을 그만두고 컨설팅 회사를 차려서 출근하기 위해 시내로 나갈 필요가 없어졌다. 지난 3년 동안 우리 집이 있는 거리 끝에 작은 사무실을 임대해 쓰고 있는데, 걸어서 5분 거리다.

아내는 지난 10년간 전업 주부였고, 이제 우리에게는 아이가 셋이다. 아직도 자가용은 한 대이고, 매년 자가용을 점점 덜 탄다. 어쩌다가 아내와 나 둘 다 차가 필요한 경우에는 가까이 있는 '엔터프라이즈'사에서 렌트를 하거나 자동차 공유 서비스인 집카zipcar를 이용한다. 집카는 인근 대학 캠퍼스까지 자전거로 5분 정도 가면 이용할 수 있다. 아이들은 대체로 걸어서 학교에 데려다주고 그 밖의 일상에서 볼일을 볼 때도 대부분 걸어가서 처리할 수 있다.

걸을 수 있는 삶을 택한 것은 매우 만족스럽다. 더 편리하고 선택지가 더 많아졌으며, 더 촘촘한 동네에 살게 되어서 이웃을 더 잘 알고 서로를 더 잘 보살펴 주게 됐다.

도보가능성이 높은 곳은 에너지 교란이나 자연재해 같은 일이 닥칠 때 자동차 위주의 지역보다 더 잘 버틸 수 있을 것이라는 생각이 든다. 환경에 대해서도, 우리가 문제를 일으키는 쪽이 아니라 해결하는 쪽이라고 생각하니 기분이 좋다. 우리 식구의 탄소 발자국은 일반적인 5인 가족의 5분의 1 정도에 불과할 것이다.

다시 자동차 위주로 사는 것은 상상할 수 없다. 혹시라도 자동차 위주의 동네에 살게 된다면, 삶의 질뿐 아니라 안전이나 후생에 대한 느낌도 크게 낮아질 것이다.

1. 앞문을 이용하세요

아주 쉽게 시도할 수 있는 첫 번째 조치는 뒷문이나 차고문 대신 앞문을 많이 이용하는 것이다. 들어가고 나갈 때 앞문으로 다니는 습관을 들이면 자신도 모르는 사이에 운전보다 걷기를 더 많이 우선순위에 놓게 될 것이다.

2. '걷기 스테이션'을 만드세요

앞문 옆에 작은 캐비닛을 하나 마련해서 열쇠, 지갑, 우산 등 외출에 필요한 것들을 두면 편리하다. 그런 것들을 손에 닿기 쉬운 곳에 두면 집 여기저기 다니면서 찾지 않아도 되고 별 신경 쓰지 않고도 나갔다 들어왔다 할 수 있게 된다.

3. 자전거를 접하기 쉬운 곳에 두세요

자전거를 끌고 나가기가 쉬우면 자전거를 더 자주 이용하게 된다. 자전거를 현관이나 밖으로 이어지는 지하실 옆에, 아니면 현관문 근처의 벽장에 두라. 여러 층으로 된 건물에 산다면 1층에 두는 것이 좋다.

4. 자전거에 바구니를 달아 주세요

경주가 아니라 효용을 위해 자전거를 타는 것이라면 바구니 다는 것을 강력하게 추천한다. 시중에 모양과 크기가 다양한 바구니들이 많이 나와 있어서 당신의 필요에 딱 맞는 것을 고를 수 있을 것이다.

5. 편한 신발을 사세요 

여성만을 위한 조언이 아니다. 많이 걸으려면 신발은 정말
중요하다. 모양도 좋고 편하기도 한 것이 있으면 그것을 신
으면 된다. 그렇지 않다면, 편한 쪽을 고르라. 발과 등이 고
마워할 것이다. 편한 신발은 일상적으로 걷는 습관을 들이
는 데 가장 중요한 요소다.

6. 동전을 마련해 두거나 월 교통 패스를 마련하세요 

버스를 자주 탄다면 월 교통 패스를 사는 것이 좋다. 버스
타기가 훨씬 쉬워지고 잔돈 걱정을 안 해도 된다. 모든 교
통수단에서 사용할 수 있는 스마트 카드 같은 것이 미국에
도 곧 나오겠지만, 지금으로서는 교통수단별로 별도의 카
드가 있어야 한다. 버스를 자주 타지 않는다면, 버스 타러
나갈 때 몇 개 집어 들고나갈 수 있도록 걷기 스테이션에
동전통을 마련하라.

7. 구글맵이나 버스 회사의 휴대전화 앱을 활용해 버스 노선과 운행 시간을 확인하세요

대중교통 회사들은 내가 기대한 것보다는 스마트폰 테크놀로지 도입이 더디긴 했지만, 어쨌든 이제 도입하고 있다. 구글맵도 버스 노선과 운행 일정을 찾아보는 데 유용하다. 아직 불완전하지만 점차로 더 직관적이고 고객 친화적으로 발달하리라고 생각한다.

8. 택시 회사에 문자를 보내거나 앱을 사용하세요

기술이 발달하면 택시가 더 자동화되고 심지어 운전사 없이 운행하는 날도 언젠가는 올 것이다. 하지만 지금으로서는 택시 회사들이 드디어 고객의 편의를 위해 도입하기 시작한 기술들을 활용하자. 많은 지역에서 문자 메시지로 콜택시를 부를 수 있다. 택시 예약을 편리하게 할 수 있도록 자체 앱을 가지고 있는 택시 회사도 있다. 어느 경우든, 택시를 자주 이용한다면 믿을 만한 택시 기사나 택시 회사와 관계를 쌓아 두는 것이 좋다. 정말 훨씬 편리해진다.

6장

걷기 생활의 몇 가지 단점들

CAVEAT EMPTOR: THERE ARE SOME DOWNSIDES

내가 걷기 예찬론자가 된 이유

엘리자 해리스, 플로리다 주 올랜도

나는 거의 매일 자전거로 출근하고, 다른 데 갈 때도 거의 자전거로 간다. 자전거를 대기 좋은 공짜 장소를 나는 언제나 잘 찾아낸다. 때로는 친구들과 음식점에서 술집으로, 또 공원으로 자전거를 타면서 저녁 시간을 보낸다. 그러다가 친구 집에 가서 불가에 둘러앉아 영화를 본다.

걸어서 출근하는 것도 좋아한다. 40분이 걸리는데, 자전거 수리를 맡겼을 때나 퇴근 때 카풀을 하기로 했을 때 걷는다. 자전거포나 자동차 수리점에도 걸어간다. 오일을 교체해야 하거나 자동차 점검을 받아야 할 때도 누군가에게 차를 태워 달라고 부탁하거나 택시를 이용할 필요가 없다. 자동차 수리를 맡길 때는 다음 주까지 차를 안 쓸 테니 시간을 충분히 들여도 된다고 말한다.

걷거나 자전거를 타거나 자동차를 타거나 나무가 있는 조용한

길을 이용한다. 고속도로는 삭막해 보이는데다 교통 체증으로 가다 서다를 반복할 때마다 혈압이 오른다.

내 차를 본 적이 없는 사람들은 나한테 차가 정말 있느냐고 묻는다. 어떨 때는 차가 잘 작동하는지 보려고 몰아 보기도 한다. 유가가 오르는 것에 나는 늘 놀란다. 가득 채워 주유를 하는 경우는 한두 달에 한 번 고향 집까지 6시간을 가야 할 때나 하이킹을 하러 주립 공원에 갈 때뿐이어서, 주유소에 갈 때마다 유가의 변화가 매우 놀랍게 다가온다.

나는 서서히 끓는 물속의 개구리가 더 이상 아니다. 대학 1학년 때 찐 살도 드디어 뺐다(아예 못 빼는 것보다는 늦게라도 빼는 게 낫다!). 꺼내기 귀찮아서 그렇지 고등학교 프롬 파티 때 입었던 드레스도 맞을 것이다.

지난 목요일에는 매주 열리는 북클럽 모임이 있었다. 한 회원의 집에서 모였는데, 그날은 정해진 책이 없었다. 그래서 우리는 저녁을 먹으러 나가기로 했다. 식당까지 걸어가면서 웃으며 이야기하고 파트너를 바꿔가며 대화를 했다. 한 명이 저녁 이후에 친구를 만나러 가야 해서 차를 몰고 갔고, 몇 명이 그의 차에 함께 탔지만 1분 뒤에 그들은 우리 앞에서 걸어가고 있었다. 우리는 그들을 놀리며 웃었다. '추운' 플로리다 날씨에 대해 불평을 했기 때문이다. 저녁을 먹고 나서, 차를 가지고 온 사람은 친구를 만나러 갔고, 우리 나머지는 (아까 자동차에 탔던 사람들 포함) 걸어서 돌아왔다. 한 여자가 말했다.

"정말 달라요. 나는 걸어서 어딜 가본 적이 없거든요. 오늘 정말 좋았어요."

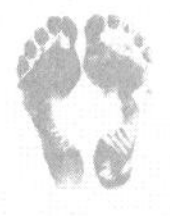

도시의 표면을 비추는 밝은 불빛들이
이리 와서 내가 원하는 것을 찾으라고 나를 부르니
가끔씩 나는 세계가 너무 작아서
우리가 교외를 벗어날 수 없는 걸까 궁금해지지.
교외에 살면 죽은 쇼핑몰이 산 너머 산처럼 솟아오르지.
시야 가득, 끝도 없이.
나는 어두움이 필요해.
누가 제발 불 좀 꺼 주오.

_ 아케이드 파이어Arcade Fire의 곡
〈교외 II: 산 너머 산Sprawl II: Mountains Beyond Mountains〉 가사

워킹화 끈을 묶고 밖에 나서기만 하면 장미꽃이 피고 강아지가 뛰놀 것이라는 말은 아니다. 모든 선택이 그렇듯이, 걷기 좋은 곳에 사는 데는 어려움도 따른다. 이제까지 장점을 이야기했지만 공정하게 말하자면 단점도 있다.

걷기 좋은 동네 자체가 너무 적다

안타깝지만 사실이다. 많은 동네가 걷거나 자전거를 타는 것만으로는 생활을 영위하기 어렵게 되어 있다. 걸을 수 있는 동네가 부족해서 그런 곳을 선택하기가 어려울 뿐 아니라, 수요와 공급의 불균형 때문에 그런 동네는 집값이 지나치게 비싸기도 하다. 오늘날의 시장에서 일반적으로 걷기 좋은 곳의 집이 더 비싸다. 시간이 지나고 걷기 좋은 동네의 공급이 크게 늘어야만 소비자에게 좋은 쪽으로 균형이 형성될 수 있을 것이다.

일터가 너무 멀다

그래서 많은 사람들이 긴 거리를 운전해서 출퇴근한다. 도시와 교외 주거지들이 이렇게 퍼져 있는 한, 이 문제는 해결되지 않을

것이다. 재택근무를 하거나 유연 근무제로 부분적으로 집에서 일
하는 사람들도 있지만, 대부분은 여전히 직장으로 출퇴근을 한다.
도시 설계를 더 체계적으로 해서 일터가 너무 퍼져 있지 않도록 하
고 이용 가능한 대중교통을 늘려야 한다.

장보기 좋은 곳들은 너무 멀다

요즘은 쇼핑몰이 전처럼 많지는 않지만, 그래도 쇼핑몰은 우리
에게 필요한 매장들이 모여 있는 장소다. 하지만 대개 걷거나 대중
교통으로 가기 어려운 곳에 위치해 있다. 또 차가 없으면 구매한
물건들을 가지고 오기도 어렵다. 온라인 쇼핑과 자동차 공유 서비
스가 이럴 때 유용하게 쓰일 수 있지만, 어쨌든 가게들이 먼 곳에
있다는 것은 여전히 불편한 일이다.

걸을 수 있는 동네는 학교가 별로인 곳이 많다

학교의 질에 대한 문제는 도시 디자인의 문제라기보다는 오래되
고 복잡한 인종적, 사회적 문제다. 더 안 좋은 것은, 걸을 수 있는
동네에는 폐교됐거나 통합돼 학교가 아예 없는 곳도 있다. 바뀌어
야 한다. 자녀가 있는 많은 가정이 좋은 학교가 부족해서 걷기 좋
은 곳에 살지 못한다. 그리고 학교까지 걸어서 갈 수 있는 능력은
어떤 아이에게라도 주어져야 마땅하다.

범죄와 안전은 정말 중요한 문제다

통계가 어떻든지 간에, 안전에 신경 쓰는 사람들에게 자동차라는 안락한 공간은 심리적으로 보호의 느낌을 준다. 때로는 밖에 자동차가 있다는 것만으로도 안심이 된다. 걸을 때는, 특히 밤에 걸을 때는 불안해진다. 여성에게는 실질적인 위협이 되기도 한다. 남성인 나는 걸으면서 안전 문제를 별로 생각해 본 적이 없지만, 나조차도 으스스하고 꺼려질 때가 있다. 미국의 도시가 더 효과적인 경찰 시스템을 갖추어야 한다는 점은 명백하다. 도보가능한 곳에서는 경찰이 순찰차에서 나와서 걷거나 자전거나 말을 타고 순찰하면 좋을 것이다. 이런 종류의 순찰이 더 효과적이며 사람들이 더 자주 밖에 나오도록 해 주는 중요한 안전망이 될 수 있다. 그리고 더 많은 사람이 밖에 있을수록 동네는 더 안전해진다.

보행자와 자전거 라이더를 위한 인프라는 많은 개선이 필요하다

나는 걷거나 자전거로 돌아다니는 것을 정말로 좋아한다. 하지만 이렇게 하기 위해서는 불필요하게 많은 어려움을 참아야 한다. 미국에는 불완전한 인도, 그늘이 없는 길, 보행자를 고려하지 않은 길이 너무나 많다. 자전거는 더 심각하다. 자전거 전용 도로와 자전거 라이더를 자동차로부터 보호하는 인프라가 필요하고, 자전거 주차 공간과 자전거 공유 프로그램도 더 많아져야 한다. 자동차 문화와 사랑에 빠진 우리는 너무 자동차만을 위한 도시를 만들었다. 넓은 도로, 일방통행로, 동네를 가로질러 차들이 쌩쌩 달리는 고속도로, 주차장을 짓기 위해 철거되는 건물 등등. 이런 실수들을 바로 잡고 도시를 다시 이어 붙여야 할 때다.

소음이 문제가 될 수 있다

이웃집과 가깝게 붙어 있는 촘촘한 동네에 살면 시끄러울 것이라는 우려를 너무나 많이들 한다. 사실 촘촘한 동네는 생각보다 훨씬 조용하며 밤에는 더 그렇다. 다른 사람들과 가까이 살아도 대개 소음은 문제가 되지 않는다. 나는 어느 정도의 소음에는 면역이 되어 있다. 하지만 때로는 소음이 문제가 되기도 한다. 촘촘한 동네에서는 아파트나 벽을 맞대고 있는 주택에 살게 되는 경우가 많다. 벽이나 바닥을 공유하면 사람들과, 그리고 그들이 내는 소음과 가까이 있게 된다. 그리고 좁은 골목은 소리가 울린다. 늘 나쁜 것은 아니지만 소음에 예민한 사람이라면 문제가 될 수도 있다.

정말로 꼴사나운 사람들이 있다

예의가 없든, 술을 마셨든, 공격적인 행동을 하든, 촘촘한 동네에서는 온갖 사람들을 마주칠 수 있다. 물론 다 나쁜 사람은 아니다. 대부분은 좋은 사람들이고 그들과 인간관계를 맺어나가게 될 것이다. 하지만 어떤 사람들은 정말로 꼴불견이고, 많은 사람이 촘촘히 모여 사는 곳에는 그런 사람이 꼭 있게 마련이다. 이는 걷기 좋은 촘촘한 동네에 살기로 결심할 때 따르는 단점이며, 그런 사람들을 다루는 방법을 알아가야 한다.

날씨에 맞게 옷 입는 법을 새로 익혀야 한다

나에게는 별로 어려운 일이 아니다. 추울 때는 켜켜이 챙겨 입고 덥거나 습할 때는 또 그에 맞는 옷을 입는다. 하지만 여자라면 날씨에 맞게 옷을 입는 것이 까다로울 수 있다. 외모에 신경을 쓰는 사람이라면 비가 오거나 춥거나 습한 날 15분을 걷고 나서 어떻게 보일지가 걱정스러울 것이다. 그러면 적합한 옷을 고르기가 더 어렵고 옷 고르는 데 시간도 오래 걸릴 수밖에 없다. 우리 조상들은 날씨에 맞게 옷을 입는 것을 당연하게 여겼지만, 자동차가 날씨를 무시하고 살 수 있게 해 준 환경에서 자라면서 우리는 조상들의 습관에서 너무 멀리 벗어났다. 하지만 걷거나 자전거를 타려면 날씨를 무시할 수 없다.

부지 용도 규정은 제약이 너무 많다

직업상 나는 대다수 사람들보다 부지 용도 규제의 문제를 더 많이 알고 있다. 하지만 도시계획전문가가 아니어도 이런 곳에 살아

보면 알 수 있다. 걷기 좋은 동네는 거의 대부분 건물과 토지 개발에 대한 규제가 생기기 전에 지어진 곳들이다. 그래서 다양한 종류와 용도의 건물이 섞여 있다. 하지만 도시 규제가 더 엄격해지면서 장소의 원활한 기능이 방해받는 문제가 생겨났다. 부지 용도 코드가 많아지면서 어떤 곳은 차고가, 어떤 곳은 모퉁이 가게가, 어떤 곳은 주거 용도의 건물 사용이, 어떤 곳은 주상 복합 건물이 허용되지 않는다. 하지만 걷기 좋은 곳의 핵심은 혼합이다. 일반적으로, 더 많이 섞일수록 더 좋다.

좋은 장소에도 나쁜 건물이 너무 많다

건축가로서 이 울화 치미는 이야기를 하지 않을 수 없다. 내가 '나쁜' 건물이라고 말할 때는 여러 가지 이유에서다. 디자인이라는 것을 생각하지 않고 엉망으로 지었거나, 건물이 주차장 뒤로 들어가 있거나, 주변과 어울리지 않거나 그저 전반적으로 '지역적'이라고 느껴지지 않는 건물 등이 나쁜 건물이다. 유명한 20세기 건축가이자 도시설계가인 트리스탄 에드워즈Trystan Edwards는 이런 것들을 '건축에서의 나쁜 매너'라고 말했다. 미국의 도시들은 잘못된 '개선'과 '리뉴얼'을 몇 십 년 동안 너무 많이 해 왔다. 나는 우리가 사는 곳들에서 거슬리는 것들을 없애고 좋은 건물을 지어야 한다고 생각한다. 결국 좋은 건물이 좋은 걷기의 요소이기 때문이다.

피터 모스코스Peter Moskos는 볼티모어에서 경찰로 지낸 1년을 담은 저서 『동네 경찰: 볼티모어 동부에서의 경찰 생활 1년Cop in the Hood: My Year Policing Baltimore's Eastern District』에서 순찰차를 타지 않고 걸어서 순찰을 도는 것의 장점을 설명했다. 여기에 일부분을 발췌한다.

걸어서 순찰을 도는 것은 한때 일반적이었고, 오늘날에도 야경봉을 휘두르며 걸어서 순찰하는 경찰에 대한 낭만적인 전형이 존재한다. 하지만 순찰차가 도입된 이래로 경찰은 걷지 않게 되었다. 안타까운 일이다. 걸어서 순찰을 도는 경찰은 차를 타고 순찰하는 경찰보다 동네를 더 잘 알고 더 많은 것을 본다. 걸어서 순찰을 도는 것이 효과적이려면, 특히 질서를 유지하고 잠재적 범죄를 발견해 발생 전에 막을 수 있으려면, 그 동네에 오래 있으면서 동네와 사람들에 대해 잘 알아야 한다. 걸어서 순

찰하는 경찰은 사람들이 자라고, 일자리를 얻고, 문제에 봉착하는 것을 본다. 작은 동네를 잘 아는 것이 넓은 동네를 전혀 모르는 것보다 훨씬 낫다. 현관 앞에 모여 있는 한 무리의 사람들이 즐거운 시간을 보내고 있는 상황과 문제가 발생해 다투고 있는 상황의 차이를 생각해 보라. 걸어가면서 보면 미묘하더라도 대번에 알 수 있는 차이이지만, 차를 타고 지나가면서는 알아차릴 수 없는 차이이다.

걷기는 건강한 삶의 증거

크리스틴 제퍼스, 노스캐롤라이나 주 롤리

　무엇보다 나는 멀쩡한 두 발과 두 다리가 있어서 걷는다. 세상에는 이조차 없는 사람들이 많고, 나는 내가 가진 가장 기본적인 축복에 의존하는 습관을 들이려고 노력한다. 내 사촌은 2년 전 8월의 어느 오후에 가족과 함께 걸어서 바다에 갔다가 나머지 식구들과 달리 해변으로 걸어 나오지 못했다. 수영 사고가 난 것이다. 그는 팔다리 마비 증상으로 지금 재활 훈련을 받고 있다. 이제 그에게 걷는 것은 현실이 아니라 목표이고 먼 꿈이다. 그는 포기하지 않았지만, 그를 보면서 나는 내 두 발과 두 다리로 움직일 수 있는 간단한 능력을 어느 한순간에 잃어버릴 수 있다는 것을 알게 됐다.

　도시 개발 전문가들이 '도보가능성'을 말할 때는 사지가 멀쩡한 사람들이 무엇을 할 수 있고 무엇을 할 수 없는지에 초점을 맞춘다. 또 '선택적으로 걷는' 사람들에게만 초점을 맞춘다. '타운센터'

나 비즈니스 중심지까지 차를 몰고 가서 극장에 가거나, 술을 마시거나, 커피숍에서 다음번의 혁명을 논하는 사람들 말이다.

우리가 커피잔을 들고 어떻게 가난을 없앨지 이야기할 때, 사실 가난은 바로 그 창 밖을 하루 종일 지나다니고 있다. 가난한 사람들은 자가용을 유지할 수가 없다. 어쩌면 차가 있었는데 친구와 싸우고서 망가뜨려 버렸는지도 모른다. 가난은 내 사촌처럼 사지가 마비된 사람의 모습이기도 하다(기적적으로 사촌은 서서히 회복되고 있는데, 그가 시 공무원이었고 건강했으며 좋은 의료보험이 있었다는 점이 크게 도움이 됐다). 가난은 차분히 있기에는 너무 어리지만 머리가 명석한 젊은이의 모습이기도 하다. 그는 면허가 있는 능숙한 전기공이어서 (문자 그대로) 어두운 방에 빛을 준다. 또 가난은 내가 여기 있는 이유이기도 하다. 나에게 가난은 아버지의 모습이다.

어렸을 때 아버지는 내가 지도 읽는 법과 동네를 혼자서 다니는 법을 알게 하려고 애쓰셨다. 그러느라 우리는 이곳저곳 많이 걸어다녔다. 우리 동네는 제2차 세계대전 이후 교외 거주지 붐이 처음으로 불었을 때 지어졌고 한때는 주민이 모두 백인이었다. 가족 단위의 자가 소유 주택과 저소득층 주택 단지가 섞여 있었는데도 그랬다. 내 동료 한 명은 그 시절에 부모님이 거기서 자랐다고 한다. 나는 피자 배달이 없고, 마약이 만연하고, 주로 나처럼 갈색 인종인 사람들이 그곳에 많이 살던 시절에 거기서 자랐다. 그래도 나는 걷고 자전거를 탔으며, 그럴 때면 이웃들이 밖을 내다보며 아는 체를 해 주어서 흥미롭고 재밌는 시간을 보낼 수 있었다.

요즘 걷거나 자전거를 타면 그때의 추억이 떠오른다. 나는 재미 삼아 걷거나 자전거를 타는 게 어떤 것인지 안다. 그리고 그것 말고는 다른 수단이 없어서 걷거나 자전거를 타야 한다는 게 어떤 것인지도 안다. 다행히도 그 수단마저 없는 게 어떤 것인지는 모른다. 하지만 이 세 가지 모두를 생각하면서 나는 더 나은 거리를 만들기 위한 활동에 참여하고 있다. 나의 아버지와 나는 4차선 찻길 옆에 표지도 없는 잔디밭을 걸어서 다닐 수 있었다. 하지만 내 사촌은 그럴 수 있는가? 시속 60마일(약 96킬로미터)로 달리는 차에서 불과 몇 인치 떨어져서 걷는 것이 정말 안전한가? 이제 나는 어느 정도의 사회적 지위에 있고, 운전면허도 있으며, 잘 굴러가고 연비 좋은 차도 있고, 고급 아파트인 새 집에서 걸어서 15분 거리에 사무실도 있으니, 다른 사람들에게 우리 아버지 같은 (가난한) 사람만 걷는 것이 아니라고 이야기할 수 있다. 멀쩡한 몸을 가진 사람은 모두 걸을 수 있다. 그리고 그들이 자동차보다 작은 바퀴를 가지고 있다면, 길 옆에 그들을 위한 자리를 마련할 수 있을 것이다.

당신이 어디에 있든, 걷기부터 시작하라

나는 이 책이 독자 여러분에게 영향을 주기를 바란다. 독자 여러분이 웃게 되고, 더 중요하게는 행동하게 되길 바란다. 사람들은 이렇게 말하곤 한다.

"근사하게 들리기는 하는데, 나도 할 수 있을까? 어떻게 내가 낮 시간에 걸을 수 있을까? 내가 사는 곳은 걷기 좋은 곳도 아니고 서배너도 아닌데."

다행히 어디에 살든 몇 가지 할 수 있는 일들이 있다.

1. 더 걸으라 – 지금

진짜로 쉽다. 걸어서 10분이나 15분 거리에 목적지가 있다면 날마다 걸어가기 시작하라. 목적지들이 다 멀다면 산책이라도 시작하라. 버릇을 들이면 된다. 처음에는 1마일을 걷는다. 보통 20분이 걸린다. 그러다가 하루에 2마일을 걷는다. 가게에, 공원에, 친구 집에, 근처의 목적지에 걸어서 가는 습관을 들이라. 쇼핑몰의 큰 주차장을 가로질러 걷는 것처럼 남들이 이상하다고 생각하는 일도 해 보라. 걷는 것은 휴식 삼아 하더라도 건강에 좋다. 그러니까 오늘 당장 시작하라. 동네 상인들과의 상호작용은 걷는 것을 더 쉽게 만들어 준다.

"아, 하지만 나는 출퇴근을 하는데."

"아, 하지만 아이들이 늘 있는데."

'아, 하지만'에 굴복하지 마라. 그것은 '할 수 없어'의 이유일 뿐이다. 삶은 '할 수 있어'를 알게 되는 순간, 더 흥미로워진다.

2. 자전거를 더 타라 – 지금

자전거는 싸고 재밌다. 어렸을 때 자전거를 배우던 기억이 나는가? 그때로 돌아가는 것은 쉽다. 바퀴에 발을 올리는 순간 얼마나 빨리 그 재미가 되살아나는지에 놀랄 것이다. 그리고 자전거는 먼 곳도 쉽게 갈 수 있게 해 준다. 걷기 어려운 곳이라면 자전거로 시도하라. 자신감이 붙을 때까지 필요하다면 인도에서 탈 수도 있을 것이다. 다시 타고 싶은 마음이 들게 해 주는 것은 무엇이든 시도하라. 다만 쫄바지만은 사지 말고.

3. 다른 사람들, 특히 젊은 사람들에게 걷고 자전거를 타라고 독려하라

이제 당신은 걷고 자전거를 타니까 다른 사람들에게도 권하라. 가족에게, 친구에게, 옆집 아이에게. 짜증을 돋우지 말고 긍정적인 마음가짐을 가져서 사람들에게 모범이 돼라. 아이들을 끌어들이는 것은 중요하다. 좋은 습관이든 나쁜 습관이든 습관은 어려서 들이게 마련이니 말이다. 속담이 말하듯이, 당신 자신이 스스로 원하는 변화가 돼라.

4. 가능하다면 이사를 하라

그렇다. 짐을 싸서 이사하라고 말하고 있는 것이다. 생각만큼 어렵지는 않다. 나는 미국 절반을 가로질러 거의 아는 사람이 없는 곳에 이사를 왔다. 다른 도시가 힘들다면 같은 도시 안에서 더 걷기 좋은 다른 동네로 이사할 수도 있을 것이다. 기회가 있으면 잡으라. 후회하지 않을 것이다. 결국 우리는 두 발로 걸어가 투표를 한다. 그러므로 좋은 곳을 찾아서 가라.

5. 목소리를 내라

마지막으로, 걷고 자전거를 타기에 더 좋은 인프라, 부지 용도 규제의 개혁, 그리고 더 좋은 건물을 위해 목소리를 내라. 모든 사람이 이 일에 나만큼 열정적이기를 기대하지는 않는다. 하지만 일단 관심을 갖고 나면 더 많은 것을 원하게 될 것이다. 좋은 일이다. 당신과 당신의 열정이 필요하다. 무엇보다 미국의 도시들은 더 좋은 인도, 더 잘 보호된 자전거 전용 도로, 더 느린 교통 속도 등을 위해 목소리를 낼 사람이 필요하다. 수십 년 동안 우리는 나쁜 개념을 도입했고, 이제 그것들을 없애야 한다. 너무 많은 주차장과 고속도로가 도시를 가로지르고 있다. 어떤 일은 약간의 시간을 들여서 빠르게 시도해 볼 수 있을 것이다. 어떤 일은 우리의 공간에서 암처럼 자라온 자동차 문화를 되돌리기 위해 오랜 시간을 들여야 할 것이다. 우리는 당신이 필요하다. 당신의 존재를 알리라.

나는 계속해서 걸을 것이고, 계속해서 걷기 좋은 곳을 만들 것이다. 내가 선택한 변화는 내 삶을 상상했던 것보다 훨씬 풍요롭게 만들어 주었다. 그리고 선택만 한다면, 이런 이익은 거의 모든 사람이 누릴 수 있으므로 희망적이다. 밖에서 돌아다니는 데 내 몸을 더 많이 쓰는 삶은 매우 자연스럽고 인간적이다. 43세에 나는 언제보다도 건강하다고 느낀다. 나는 내가 오래도록 원해 왔던 대로 살고 있다.

하지만 내일은 화요일이고, 이제 내일을 준비해야 한다. 또 다른 평범한 화요일. 내게는 가야 할 곳이 있고, 만날 사람이 있고, 걸을 길이 있다.

걸으며 느린 삶의 즐거움을 배우다

딘 클린켄버그와 존 멀라키, 미주리 주 세인트루이스

우리는 미국 치고는 오래된 동네에 산다. 나와 내 파트너가 이 동네를 선택한 것은 걸어서 갈 수 있는 곳이 다양하기 때문이다. 세계 최고 수준의 식물원과 아름다운 빅토리아 시대풍의 공원을 걸어서 갈 수 있다. 비즈니스 지구도 있어서 태국, 베트남, 이탈리아, 미국, 에티오피아 음식을 먹을 수 있고, 모퉁이 바나 댄스 바, 지하 술집에서 술도 한 잔 할 수 있다. 때로는 운동 삼아 걸어가고, 때로는 주차 공간을 놓고 다투기 싫어서 걸어가지만 보통은 그냥 걸을 수 있으니까 걷는다.

산책을 하다 보면 콘크리트에 운동화가 찍찍거리는 소리나 소프트볼이 알루미늄 배트에 맞는 소리, 또는 누군가가 '골!'이라고 외치는 소리가 들린다. 우리는 삶의 속도를 늦추고 19세기에 세인트루이스에 온 이민자들이 근처에서 구운 벽돌로 지어 놓은 석

공 예술을 즐긴다. 가다가 멈춰 서서 이웃과 이야기를 나누기도 한
다. 우리는 우리가 있는 곳이 어디인지를 상기시켜 주기 때문에 걷
는다.

걷기, 진정한 자유의 확장

걷기는 몸을 움직이는 간단한 행위이면서 풍성한 사색의 원천이기도 하다. 고독을 추구하는 행위이기도 하고 세상을 구경하며 소통하는 행위이기도 하다. 아름다움과 낭만과 여유를 찾는 행위이기도 하고 고행과 순례와 저항의 수단이기도 하다.

그러나 무엇보다 걷기는 가장 기본적인 교통수단이다. 이 책은 걷기의 미학이나 철학이 아니라 교통수단으로서의 걷기를 다룬다. 가게, 우체국, 학교, 직장, 공원, 친구 집 등 일상의 목적지들을 다니기에 매우 유용하지만 매우 저평가된 교통수단(걷기만이 아니라 '자가용'에 대비되는 대안 교통수단을 모두 포함한다.)을 소개하는 실용서인 셈이다.

미국 독자를 염두에 둔 실용서로서의 가치가 한국 독자에게 그대로 적용된다고 보기는 어렵다. 미국에서는 걷기가 '유용하지만 저평가된' 교통수단이라기보다 유용성이 강제로 상실되어 '추억'을 떠올리는 것 외에는 실용적 가치가 거의 남지 않은 교통수단, 아니 교통수단의 유물이다. 차를 몰기에 편리하게 지어진 교외 개발 덕/탓에 많은 지역에서 자동차 없이는 일상생활을 꾸리기가 거의 불가능하다. 어지간하면 걸어서 다니는 저자의 생활은 평범한 일상이라기보다 모두를 놀라게 하는 괴짜스러운 실험으로 여겨지기 일쑤다.

한국은 이와 많이 다르다. 한국의 근린 보행 행태를 연구한 『동네 걷기 동네 계획』(박소현 외 지음, 공간서가, 2015)에 따르면, 서울 북촌과 상계 주부들의 하루 평균 보행량은 39분(2.69킬로미터)인 반면 시애틀에 사는 한국계 주부들의 하루 평균 보행량은 400미터(6분)에 불과하다. 미국은 제2차 세계대전 이전(자동차가 널리 확산되기 전)에 지어진 도심의 옛 동네와 제2차 세계대전 이후에 대대적으로 개발된 교외 주거지가 대조적이다. 옛 동네가 좁은 격자형 가로망과 주거, 학교, 상점, 공원 등이 근린에 혼합된 형태를 특징으로 한다면, 교외 주거지는 도로망이 다차선 대로와 막다른 길로 구성되어 있고 생활시설이 근린에 혼합되지 않은 대신 원거리를 차로가 연결하고 있다. 이와 달리 한국은 옛 동네와 새로 개발된 아파트 단지 모두 걸어 다닐 수 있는 범위 안에 일상의 목적지들이 많이 혼합되어 있는 편이다. 여기에 더해 쾌적하고 배차 시간이 짧은 대중교통과 구석구석을 촘촘히 잇는 마을버스망까지 갖추어져 있어서, 아이를 걸어서 학교에 데려다 주고 은행에 들렀다가 시장에 걸어가서 장을 보고 무거우면 마을버스를 타고 집에 돌아오는 생활은 전혀 '괴짜스러운 실험'이 아니다.

한국의 자동차 의존성이 미국만큼 심각하지 않은 것은 사실이지만, 자동차 의존성이 높아지고 있고 도보 여건에 나름의 문제점을 갖고 있는 것 또한 사실이다. 자가용 중독을 벗어나는 첫걸음으로 저자가 제시하는 몇 가지 요령('집의 뒷문보다는 앞문을 이용하라'거나 '교통카드를 마련하라'거나 '운행 시간을 알려 주는 버스회사 앱을 설치하라' 같은 것들)은 엉뚱하거나 시대에 뒤떨어져 보이기도 하지만, 우리의 문제를 가늠하고 해결하려 할 때 이 책이 주는 유용성은 요령보다는 방향성에서 찾을 수 있다. 도보가능성을 높인다는 것은 자동차를 거부하는 것도, 걷기를 낭만화하는 것도 아니며, 교통수단의 선택지를 넓히는 방향을 지향해야 한다는 것이다. 저자(와 여러 기고자)는 이것이 곧 자유의 확장이라고 말한다.

19세기까지도 대다수의 사람들은 걷는 것 말고는 이동수단에 선택의 여지가 없었다. 일을 하러 갈 때도 물건을 사러 갈 때도 걸어야 했고, 비가 오거나 눈보라가 치거나 길에 분뇨와 쓰레기가 넘치거나 간에 걸어야 했으며, 편지를 배달하거나 무거운 짐을 나르거나 간에 걸어야 했고, 피곤하거나 아프거나 간에 걸어야 했다.

소수의 상류층만이 말, 마차, 가마, 그리고 걷기 중에서 기분에 따라, 날씨에 따라, 상황에 따라 이동수단을 선택할 자유가 있었다. 걷기를 일상의 노동과 분리해 원할 때만 하는 행위로 삼을 수 있는 자유는 너무나 갖기 어려운 특권이어서, 귀족들은 낮은 계급 사람들이 흉내낼 수 없는 방식으로 우아하게 걷는 법을 연마하며 그 특권을 과시했다.[1]

19세기 이후 합승마차를 시작으로 지하철, 전차, 버스 등 대중교통 시스템이 생기고 하수도가 도입돼 도로가 개선되면서 귀족의 특권이던 자유가 많은 사람에게 확대됐다.[2] 길이 미끄러우면 지하철을 타고, 지상을 달리고 싶으면 버스를 타고, 짐이 많으면 차를 몰고, 걷고 싶으면 걸을 수 있게 된 것이다. 문제는, 확장된 자유를 구성하는 여러 요소 중 하나였던 자가용이 다른 것들을 잠식하면서 선택지가 다시 줄어드는 상황이 되었으며, 그것도 모두에게 1차적으로 가능해야 할 '걷기'가 선택지에서 제외되는 방향으로 자유가 줄고 있다는 점이다.

가장 기본적인 수단이 선택지에서 사라진다는 것은 많은 사람들이 기본적인 접근성을 박탈당한다는 의미이기도 하다. 교외 확산이 공공 건강에 미치는 영향을 다룬 책 『도시 스프롤과 공공의 건

---

1 조지프 A. 아마토, 『걷기, 인간과 세상의 대화』, 김승욱 역 (작가정신, 2006), 3장.
2 앞의 책, 6장. 레베카 솔닛, 『걷기의 역사』, 김정아 역 (민음사, 2003) 15장.

강^{Urban Sprawl and Public Health}』의 공저자 리처드 잭슨은 찜통같이 더운 날 인도도 없고 신호등은 3킬로미터나 떨어져 있는 다차선 고속도로 옆에서 70대 여성이 장을 본 봉지 두 개를 들고 가느라 쩔쩔매는 모습을 보고 도보 여건에 더 관심을 갖게 되었다고 한다.[3] 또 『동네 걷기 동네 계획』의 저자 박소현 교수는 한 인터뷰에서 "일본에서는 노인들이 가까운 데서 생필품을 구할 수 없는 '쇼핑 난민' 문제가 대두되고 있다"고 언급했다.[4]

이런 점에서, 걷기 좋은 여건을 만들기 위한 지방자치단체들의 정책적 노력이 시도되고 있는 것은 반가운 일이다. 걷기 좋은 여건이 유지되게 하는 일은 우리의 몫이지만, 어려운 일은 아닐 것이다. 나가서 걸으면서, 걷는 즐거움을 한껏 누리는 것이 바로 그런 일일테니 말이다.

용어　'걷기 좋은 인프라 구축'과 관련해 한국에서 더 일반적으로 쓰이는 정책 용어는 '보행친화성'이고 pedestrian-friendly와 함께 walkability도 보행친화성으로 번역되기도 하지만, 걸을 수 있는 '가능성'을 강조하는 원어의 의미를 살려 여기에서는 walkability를 '도보가능성'으로 옮겼다.

3　제프 스펙, 『걸어 다닐 수 있는 도시』, 박혜인 역 (마티, 2015) pp. 39~40.
4　"살기 좋은 동네 만들려면 편하고 많이 걷게 설계해야" 경향신문, 2016년 2월 15일.

걷기의 재발견

초판 1쇄 인쇄 2016년 4월 21일
초판 3쇄 발행 2017년 1월 10일

지은이 케빈 클린켄버그 **옮긴이** 김승진
펴낸이 김종길 **펴낸곳** 글담출판사

책임편집 이은지
편집 임현주·박성연·이경숙·이은지·김보라·안아람 **디자인** 정현주·박경은
마케팅 박용철·임우열 **홍보** 윤수연 **관리** 김유리

출판등록 1998년 12월 30일 제2013-000314호
주소 (121-840) 서울시 마포구 양화로 12길 8-6(서교동) 대륭빌딩 4층
전화 (02)998-7030 **팩스** (02)998-7924
페이스북 www.facebook.com/geuldam4u

ISBN 979-11-87147-03-9 13190
책값은 표지에 있습니다.
잘못된 책은 바꾸어 드립니다.

이 도서의 국립중앙도서관 출판시도서목록(CIP)은 e-CIP홈페이지(http://www.nl.go.kr/ecip)
와 국가자료공동목록시스템(http://www.nl.go.kr/kolisnet)에서 이용하실 수 있습니다. (CIP 제
어번호 : CIP2016007115)

글담출판에서는 참신한 발상, 따뜻한 시선을 가진 원고를 기다리고 있습니다. 원고는 글담
출판 블로그와 이메일을 이용해 보내주세요. 여러분의 소중한 경험과 지식을 나누세요.

블로그 http://blog.naver.com/geuldam4u **이메일** geuldam4u@naver.com